Astrid Lehmann

55 Gründe, den Schwarzwald zu lieben

Geschichten
fürs Herz von
Land und Leuten

Astrid Lehmann

55 Gründe, den Schwarzwald zu lieben

Geschichten fürs Herz von Land und Leuten

 SILBERBURG

Für Louise,
Emilie & Elliot,
auf dass ihr eure Heimat findet

Für Günther –
mein Grund, den Schwarzwald zu lieben

1. Auflage 2021

© 2021 by Silberburg-Verlag GmbH,
Schweickhardtstraße 5a, D-72072 Tübingen.
Alle Rechte vorbehalten.
Umschlaggestaltung, Satz und Layout: Björn Locke, Nürtingen.
Coverfotos: © michaelheim – AdobeStock;
© Kalina Georgieva – Shutterstock.
Lektorat: Michael Raffel, Tübingen.
Printed in Slovenia by Florjančič.

ISBN 978-3-8425-2347-0

Ihre Meinung ist wichtig für unsere Verlagsarbeit.
Senden Sie uns Ihre Kritik und Anregungen unter
meinung@silberburg.de
Besuchen Sie uns im Internet und entdecken Sie
die Vielfalt unseres Verlagsprogramms:
www.silberburg.de

Inhalt

Inhalt

Einleitung

Der schwarze Wald, mal dunkel und mystisch, mal sonnig und lieblich, mal wild und ungezähmt. Der Schwarzwald ist ein ganz besonderer Landstrich. Von dem Waldmeer des Nordens zu den kargen Bergrücken des Südens, von den sonnigen Weinbergen des Westens zu den Hochebenen des Ostens zeigt er verschwenderisch seine unterschiedlichen Facetten. Windige, baumlose Bergrücken, rauschende Wasserfälle, geheimnisvolle Karseen und liebliche Bäche, Sonnenstrahlen, die die Tannen durchbrechen und den Waldboden wärmen, alle Elemente sind hier vereint. Hier sind wir lebendig.

Der dunkle und dichte Wald und die geheimnisvollen Seen sind die Wiege unzähliger Sagen und Inspiration für Maler und Dichter. Der Schwarzwald mit seiner wechselvollen Geschichte, seinen Traditionen und Bräuchen hat unendlich viel zu erzählen und ist mehr als seine bekannten Wahrzeichen Kirschtorte oder Bollenhut. Und nicht zu vergessen: der Schwarzwälder, ein besonderer Menschenschlag mit eigenem Charme, der diese einzigartige Landschaft bereichert. Hier fühlen wir uns verwurzelt.

**Gestern noch die Fremde,
heute bereits Heimat**

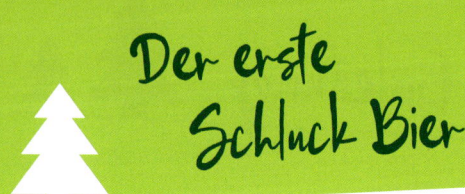

Der erste Schluck Bier

Es gibt so Momente im Leben, denen fiebern wir mit ganzem Herzen entgegen. Der lang ersehnte Urlaub am Strand, das Verwöhnwochenende im Wellnesshotel und der erste Schluck Bier nach einem langen Arbeitstag. Ein großer, voller Schluck herrlich gekühltes Bier, die ganze Würze auf der Zunge und das angenehme Prickeln im Gaumen. In nur einem Schluck liegen die ganze Zufriedenheit getaner Arbeit und die Verheißung auf einen entspannten Sommerabend. Aber fangen wir von vorne an. Nicht vom Entfernen des Bierdeckels oder vom Zapfen eines frischen Biers, nein, wir machen einen Riesenschritt zurück. Die Rede ist von der Brauereigeschichte unseres Ländles. Hier im Schwarzwald wird auf Hochtouren gebraut, um die 70 Brauereien sollen es sein, Zahl in etwa so schwankend wie unsere Schritte nach zu viel Bier. Wie kommt es, dass in einer verhältnismäßig kleinen Region so viele Menschen Bier brauen? Hat das nur mit den guten Absatzmöglichkeiten bei trinkfreudigen Schwarzwäldern zu tun, oder ist da noch eine Tiefe im Bier? Nicht im Bierglas, versteht sich.

Vor gar nicht so langer Zeit in der Menschheitsgeschichte, in der Mittelsteinzeit, haben wir unser Dasein als Jäger und Sammler aufgegeben und sind sesshaft geworden. Klimatische Veränderungen haben sicherlich eine Rolle gespielt, Forscher sprechen aber auch von dem Wunsch, regelmäßig vergorene Säfte zu konsumieren. Das ist einleuchtend, nur schwer kann man sich einen im Laufschritt rennenden Jäger und Sammler beim genüsslichen Trinken eines Biers vorstellen. Wann genau das erste Bier im Schwarzwald getrunken wurde, ist schwer zu sagen. Eine ausführliche Beschreibung der germanischen Sitten haben wir von Cornelius Tacitus, einem römischen Geschichtsschreiber, der im ersten Jahrhundert n. Ch. lebte. Lobend erwähnt er die hohe Sittsamkeit, die Tapferkeit und die Gastfreundschaft der germanischen Stämme, doch die Trinkfestigkeit der Barbaren verblüffte ihn immer wieder aufs Neue. In seiner »Germania« berichtet er von auf Bärenfellen liegenden Germanen, die Bier aus Trinkhörnern tranken, keine kleinen Kälberhörner, sondern riesige Auerochsenhörner. Alles sollen die feierwütigen Vorfahren begossen haben, von den Geburten bis hin zu den Todesfällen. Ebenso wie das Brotbacken war das Bierbrauen in den ersten Jahrhunderten unserer Zeitrechnung fest in Frauenhand. Gelang ein Getränk besonders gut, wurden die Nachbarinnen zum Verköstigen eingeladen, zum Bierkränzchen. Das klingt in meinen Ohren ganz wunderbar. Bevor man Hopfen als Aromaspender einsetzte, konnte man so ziemlich alles verwenden, was sich zum Würzen eignete, der Fantasie waren keine Grenzen gesetzt. Nicht nur aromatische Kräuter schwammen im Bier, sondern auch giftige Pflanzen wie das halluzinogene Bilsenkraut und sogar die grüngelbliche Ochsengalle! Gut, dass wir seit 1516 unser Reinheitsgebot haben, das älteste heute noch gültige Lebensmittelgesetz, das Malz, Hopfen, Hefe und Wasser als Zutaten definiert.

Hier im Schwarzwald gibt es noch viele Brauereien aus früheren Zeiten, bei denen der Braukessel noch heute brodelt. Natürlich die **Fürstenberg Brauerei**, die als Gründungsjahr 1283 vorweisen kann, die aber

mittlerweile zur Paulaner Brauerei Gruppe gehört. Die Badische **Staatsbrauerei Rothaus**, gegründet 1791, ist die höchstgelegene Brauerei Deutschlands und befindet sich im Besitz des Landes Baden-Württemberg. **Alpirsbacher Klosterbräu** hat 1880 die Brauereianlagen des ehemaligen Benediktinerklosters wieder in Betrieb genommen, zu einer Zeit, in der das Städtchen 1750 Einwohner und acht Brauereien zählte. Zwei ganz besondere Brauereien finden in unserer Kneipentour Erwähnung. Die **Hirschbrauerei Flözlingen**, die auf das Gründungsjahr 1793 zurückblicken kann, und, als eine der kleinsten gewerblichen Brauereien Deutschlands, international aufgestellt ist. Der Braumeister hat nach zwei italienischen und einem brasilianischen Auszubildenden einen jungen australischen Mann ausgebildet. Die fleißigen Burschen und Jungbrauer haben nun in ihren Ländern kleine Ableger der Hirschbrauerei Flözlingen gegründet. Eine andere Geschichte erzählt das Städtchen Bräunlingen. Was passiert, wenn zwei Brasilianer in das Städtle kommen? Der eine sorgt für das seelische Wohl als Padre Jorgiano, der andere für das leibliche als Braumeister. Die zwei wichtigsten Männer des Städtchens – neben dem Bürgermeister. In der **Bräunlinger Familienbrauerei Löwenbräu** schmeckt man in jedem Schluck die Leidenschaft des brasilianischen Meisters. Für sein Black Lion Bier, ein intensiv geröstetes Schwarzbier in den Geschmacksnuancen Mokka und Schokolade, hat der Braumeister die renommierte Auszeichnung *European Beer Star Award* mit einer Silbermedaille gewonnen. Ein Schwarzbier für den Schwarzwald und ein würziger Botschafter für unsere Region. Es gibt viele Biergeschichten hier im Ländle, eines haben sie gemein: die Geschichte von Geselligkeit und das gemütliche Zusammensein von Menschen, die sich mögen. Ein Bierkränzchen eben, Prost!

Mosttrinker sind Naturschützer

Eine Streuobstwiese, auf der in weiträumigen Abständen hochstämmige Prachtkerle stehen mit großem Sortenwirrwarr, galt in der zweiten Hälfte des 20. Jahrhunderts als rückständig. In Reih und Glied sollten die handlich kleinen Obstbäume stehen, eng aneinandergepflanzt, wie kleine Soldaten beim Appell, und so verschwanden immer mehr die klassischen Streuobstwiesen. Verstärkt wurde der Schwund durch die stetig wachsende Anzahl an Baugebieten, die sich in die Obstwiesen fraßen. Dabei haben die klassischen Streuobstwiesen jahrhundertelang Schwarzwälder Generationen ernährt. Die Früchte wurden gedörrt oder zu Marmeladen, Mus und Getränken weiterverarbeitet. Gerbstoffreiche Äpfel und Birnen zum Beispiel wurden durch Pressung und Vergärung haltbar gemacht. Kein Hof ohne Most. Neben den kulinarischen Vorzügen bieten diese ungedüngten Wiesen als Refugium für viele Tier- und Pflanzenarten einen wertvollen Lebensraum. Von der Baumkrone bis zur Wurzel, alle Etagen des lebenden Holzhochhauses sind bewohnt. Vom Grünspecht über die Fledermaus bis hin zur Blindschleiche – sie alle finden in den artenreichen Wiesen und knorrigen Bäume ein Zuhause. Über 3000 Tierarten sollen in einer einzigen Streuobstwiese hausen. Für den Erhalt unserer artenreichen Kulturlandschaft und kleinen Naturparadiese können wir alle etwas tun: durch den Kauf von alten Obstsorten und das Trinken von regionalem Most. Mosttrinker sind also Schwarzwälder Naturschützer.

Vor einigen Jahren hatte ich meine erste ernsthafte Begegnung mit dem Schwarzwälder Apfelgetränk. Ich wohnte auf einem Hof, wo der Bauer Otto jährlich seinen Most und Apfelsaft herstellte, gelagert in großen Fässern im Keller des Speichers auf dem Naturboden. Kaum war ich eingezogen, bekam ich eine Führung über den Hof und eine Verköstigung mit dem Schwarzwälder Ur-Gebräu. Der erste Schluck war sauer, der zweite schon ein bisschen besser, und nach einem ganzen Gläschen fand ich das Getränk ganz passabel. Als freundlicher Vermieter bot Otto gleich an, ich solle mich reichlich an den Getränken bedienen: »Links Apfelsaft, rechts Most, nimm!« Es war Hochsommer, und Apfelsaft ist ja ein guter Durstlöscher. Gleich am nächsten Morgen füllte ich mir in aller Eile eine kleine Flasche ab und radelte geschwind zur Arbeit. Der ganze Morgen war recht hektisch und mit vielen Terminen durchgetaktet. Zeit zum Frühstücken oder Trinken gab es nicht. Und so war es schon Mittag, als ich endlich meine Flasche auspackte und durstig in einem Zug leerte. Das war kein Apfelsaft, der Geschmack war viel zu sauer! Hilfe, was war das? Most natürlich! Ich hatte einen hängen, und das bei der Arbeit! Was nun? Meine Kollegen sollten ja von meinem Schwips nichts mitbekommen. Still und unscheinbar blieb ich auf meinem Bürostuhl sitzen, wartete, bis die Zeit verging und mit ihr der Alkoholgehalt von acht Prozent. Bleistift spitzen, Papierstapel verschieben, nach links, nach rechts, Telefon polieren, Fingernägel putzen – produktives Arbeiten konnte man das auf jeden Fall nicht nennen. Was man für den Erhalt der Streuobstwiesen und den Naturschutz nicht alles tut!

Gegen jede Krankheit isch a Schnäpsle gwachse

Schon der Arzt Paracelsus, mit bürgerlichem Namen Theophrastus Bombast von Hohenheim, erkannte im 16. Jahrhundert: »Gegen jede Krankheit ist ein Kraut gewachsen.« Nirgends wird das so deutlich wie im Schwarzwald. Hier im Kräuterparadies wachsen und gedeihen Blutwurz, Löwenzahn, Engelwurz und noch viele andere Heilpflänzchen, die eine gesundheitsfördernde Wirkung haben und der Verdauung helfen. Der weise Schwarzwälder pflückt sie und stellt Schnaps damit her, für die Haltbarmachung natürlich. Heilkräuter in flüssiger Form. Opa Erich hat Paracelsus' Ratschlag deutlich befolgt. Egal, ob wir erkältet waren, Verdauungsprobleme, Muskelkater oder nur einen Kater ohne Muskeln hatten oder gar an Schwangerschaftsübelkeit litten, alles wurde mit einem Schnäpsle kuriert. Auch ohne Krankheit konnte man mit einem Schnäpsle vernünftig vorbeugen. Da gab es einfach keine Widerrede. Mit seiner Ziehharmonika und einem unendlichen Schatz an lustigen Liedern hat er gute Laune nur so versprüht und seine vielen Weisheiten mit einer kleinen Melodie unterlegt. Mit hübschem Brennhäusle und eigenem Brennrecht ausgestattet, war er auch ein versierter Schnapsbrenner.

Nicht nur die Schwarzwälder lieben ihren Schnaps, er ist weltweit bekannt und begehrt. Vor einigen Jahren habe ich eine lustige und trinkfeste belgische Busreisegruppe begleitet. Kaum war ich morgens in den Bus eingestiegen, erklärten sie mir mit Inbrunst, dass wir das touristische Programm kurz halten und so schnell wie möglich auf dem Hof einkehren sollten, wo am Nachmittag eine Brennereibesichtigung samt Vesper geplant war. Dort angekommen, ging die ganze Gruppe zielgerichtet zum Brennhäusle, der Alambik zog sie magisch an. Ihre ganze Aufmerksamkeit richteten sie sofort auf den Schnapsbrenner, der nach einer kurzen Erklärung zum Brennvorgang die Schnapsflaschen öffnete. Zunächst andächtige Stille, gefolgt von einer langen Verkostung. Es wurde immer lauter, immer lustiger, und sie kauften sehr zur Freude des Bauern seine sämtlichen Schnapsvorräte auf. Der ging mit seinem leeren Korb immer wieder in den Keller, um für Nachschub zu sorgen. Der volle Henkelkorb wurde jedes Mal mit lauten Ohs und Ahs bejubelt und sogleich begossen. Neugierig fragte ich sie, womit sie sich im Leben noch so beschäftigten außer mit Reisen und Schnapstrinken. »Wir sind Polizisten und machen einen Betriebsausflug!«, bekam ich als Antwort.

Edles Tröpfle

Über Wein schreiben? Das ist perfekt, da bin ich in meinem Element, eigentlich vor allem beim Buketterschnüffeln und Weinverkosten. Wein gehört in Frankreich zum Leben dazu, er ist essenziell wie das Atmen, der Camembert und das Baguette. Danach erst kommen zweitrangige Lebensmittel wie Vitamine und Mineralstoffe, der Wasserhaushalt ist mit dem edlen Tröpfle schon abgedeckt. Erinnern kann ich mich an meine Pariser Kindheit, an die Festtage mit schön gedeckter Tafel, vielen Verwandten und kunstvoll etikettierten Rotweinflaschen auf dem Tisch. Die in schwungvollen Lettern gedruckten châteaux und propriétés luden zum Träumen ein, in meinen Luftschlössern wurden sie märchenhafte Weinschlösser mit Prinzessinnen auf weißen Rössern. Das klingt jetzt nach einer versoffenen Großfamilie, doch dem kann ich widersprechen. Es wurde in Maßen getrunken, meistens. Bei meiner französischen Familie galt Frankreich nicht nur als Land der Haute Couture, sondern auch der Haute Cuisine mit den weltweit besten Weinen. Weinland Frankreich war unangefochtener Spitzenreiter, ein wenig Patriotismus muss sein, danach kam lange nichts und kurz vor Ende der Top-100-Liste dann die Weinländer Italien und Spanien, also so auf den Plätzen 98 und 99. Deutschland suchte man vergebens auf der Liste, inexistent. Deutsche Weine waren nicht vertrauenswürdig, nicht mal als Kochzutat, die gute Soße war zu schade dafür.

Doch so ganz langsam krabbelten die deutschen Weine die Weinleiter hoch, ließen ihren Ruf als billiger, süßer

Fusel hinter sich, nicht nur im Ausland, sondern auch hier in Deutschland, einem Land, in dem man heute noch überwiegend ausländische Weine genießt. Warum eigentlich? Deutsche Weine und allen voran die Weine im badischen Schwarzwald, deren Trauben in einer klimatisch begünstigten Lage wachsen, sind vorzüglich. Ein Blick auf die tägliche Wetterkarte genügt, in Baden lacht die Sonne an fast 365 Tagen im Jahr. Gleich fünf Weinanbaugebiete zählt der Schwarzwald in seinen Randgebieten: das **Markgräflerland**, der **Kaiserstuhl**, der **Tuniberg**, der **Breisgau** und die **Ortenau**. Die verschiedenen Höhenverhältnisse, die sonnige Wetterlage hier im Ländle und vor allem die Unterschiede in der Geologie begünstigen eine faszinierende Vielfalt an Rebsorten wie der der Grauburgunder und der Chardonnay. Gerade die Mineralität ist es, die sich in den Weinen wiederfindet und eine Differenzierung nach der Herkunft ermöglicht. Und dieser gute Wein beflügelt unsere exzellente Küche. Mit seinem ausdrucksstarken Bukett rundet der edle Rebensaft viele Speisen ab und hebt unsere Küche in die Welt der Spitzengastronomie. Die hohe Sternendichte im Schwarzwald, allen voran in Baiersbronn als Sternenmekka, verdanken wir also auch der perfekt aufeinander abgestimmten Ehe zwischen vorzüglichen Speisen und badischen Weinen. Und so langsam hat sich herumgesprochen, dass unsere badisch-schwarzwälderischen Weine brillieren, ihren ganz eigenen Charakter zeigen und sich stolz auf der Weltbühne präsentieren können.

Mit fremden Federn geschmückt

Mal ehrlich, wer kann dem sahnigen Schokoladentraum widerstehen? Der luftige Schokoladenbiskuit, hingebungsvoll mit Marmelade bestrichen und mit Sauerkirschen belegt, mit einem Hauch Kirschwasser bespritzt, umhüllt von einem Traum aus cremiger Sahne und liebevoll mit Schokoladenraspeln verziert, schreit uns regelrecht an: »Iss mich!«, und die fremdgesteuerte Kuchengabel kann nicht anders, als ein großes Stück Genuss in unseren Mund zu schieben. Keine Reue, kein schlechtes Gewissen, die sahnige Kalorienbombe ist unsere süßeste Botschafterin, und beim Essen tragen wir nur zu ihrem Weltruhm bei. Als Schwarzwälder erfüllen wir sozusagen unsere Verzehrpflicht. Viele Geschichten ranken sich um den Ursprung der berühmten Torte, manche ganz plausibel und verständlich, andere wiederum haarsträubend und unvorstellbar. Da ist sogar die Rede von Eunuchen, Harems und üppigen Formen. Eines haben die vielen Geschichten gemein: Der Schokoladen- und Sahnetraum soll eine waschechte *Rigschmeckte* und alles andere als eine Schwarzwälder Erfindung sein.

Die bekannteste Ursprungsgeschichte ist die des Riedlinger Konditormeisters Josef Keller, der 1915 im Café Ahrend in Bad Godesberg bei Bonn die erste Kirschtorte entwickelt haben soll. Bad Godesberger Kirschtorte also? Das klingt so gar nicht appetitlich, zu trocken für eine Sahnetorte mit üppigen Formen. Für badische

Schwarzwälder noch unerfreulicher wäre die schwäbische Version. Der Tübinger Konditor Erwin Hildenbrand soll sie 1930 ins Leben gebacken haben. Also doch Schwäbische Kirschtorte? Unvorstellbar und inakzeptabel! Vielleicht ist es nur der Neid, wenn manche behaupten, sie sei keine rechte Schwarzwälderin? In einer echten Schwarzwälder Kirschtorte darf ein Hauch Kirschwasser nicht fehlen. Und der beste Schnaps wird bekanntlich nur aus Kirschen destilliert, die in unserer von der Sonne verwöhnten Region wachsen. Also ist sie doch eine von uns, eine echte Schwarzwälderin!

Unsere sahnige Botschafterin können wir heutzutage überall auf der Welt probieren, von Tokio bis New York über Johannesburg. Die Schwarzwälder Kirschtorte ist bekannt wie keine andere Torte und alles andere als altbacken, richtig schick sogar, und das nach über 100 Jahren. Alle Achtung!

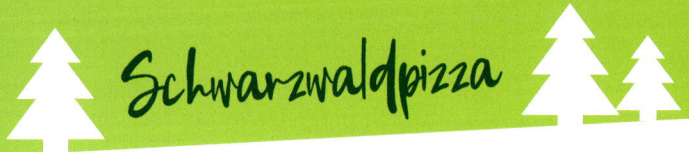

Schwarzwaldpizza

Eine knusprig gebackene Pizza, mit einer dünnen Schicht würziger Tomatensoße, Mozzarellaschei- ben, die Fäden bis hin in den Himmel ziehen, aro- matisches Basilikum, vielleicht noch ein Hauch frisch geriebener Parmesan. Diese Köstlichkeit verbinden wir mit Italien und schmecken den Urlaub in Neapel in je- dem Bissen. Eine Verwandte der Pizza sitzt im Elsass in den Holzbacköfen der Bäcker, der Flammkuchen. Im Gegensatz zu seiner südlichen Verwandten ist der hauchdünne Boden des Flammkuchens mit Sauerrahm bestrichen und traditionell mit Speck und Zwiebeln be- legt. Überall auf der Welt, von Mexiko bis Vietnam, wird kräftig gerollt und belegt. Mal sind es Weizenfladen, mal bilden Mais oder Kichererbsen die Grundlage, die runden Rollen erfreuen sich großer Beliebtheit. Und wir? Was haben die Schwarzwälder zu bieten im Be- reich Teig-Kulinarik? Unseren Datschkuchen natürlich! Ein ovaler Teigfladen, dicker als der Flammkuchen, be- legt mit Sauerrahm und Speck. Es gibt ihn auch in der süßen Variante mit Apfel und Zimt oder in ganz ande- ren Geschmacksrichtungen wie Bärlauch – dem Bäcker sind keine Grenzen gesetzt. Wie viele andere Teigge- richte ist er ursprünglich ein Arme-Leute-Essen, ein- fach, preiswert und füllend. Die Idee, einen Teig dünn auszurollen und mit dem zu belegen, was üppig wächst, ist schon sehr alt und keine neuzeitliche italienische Erfindung. Archäologische Funde zeigen, dass vor Tau- senden von Jahren schon kräftig gerollt und gebacken wurde. Heute ist die italienische Pizza sicherlich der berühmteste Teigfladen und ist nicht nur um die ganze Erdkugel gereist, sondern in die Küchen und von dort direkt in die Herzen der Menschen gerollt. Dabei hat sie sich den kulinarischen Vorzügen der jeweiligen Länder angepasst. Mal mit dickem Teig, in der Geschmacksrichtung Curry oder gleich ganz frittiert, in Japan sogar mit schwarzen Algen bestreut.

Unser rustikaler Datschkuchen kann beim weltweiten Siegeszug der Italienerin nicht mithalten. Unsere Schwarzwaldpizza fristet ein unbekanntes Teig-Dasein und kommt allenfalls auf einem Bauernmarkt in unserem Ländle groß heraus, dabei ist sie frisch aus dem Holzofen eine unübertroffene Delikatesse. Ein Geheimtipp unter den Fladenfans ist da die Klosterbäckerei in Gengenbach. Seit Generationen werden hier in reinster Handarbeit Datschkuchen hergestellt. Mit den runden Fladen hat bereits die Großmutter des heutigen Bäckers die Temperatur des Holzofens überprüft, bevor die großen Bauernbrote hineingeschoben wurden. Keine 10 Minuten später, und die kleine Köstlichkeit aus dem Schwarzwald ist fertig. Täglich werden hier die Datschkuchen aus dem Backofen geschoben und verführen jeden, der versucht vorbeizulaufen. Unmöglich. Manchmal sind es die einfachen Dinge, die die besten sind. Eine runde Sache eben.

Königlicher Genuss auf Brettern

Dezente Gewürze, feinstes Raucharoma und ein ausgewogener Fettanteil geben dem Schwarzwälder Speck seinen unverwechselbaren Geschmack. Wir reden hier vom einzig wahren Vesperspeck, dem Hosenträgerspeck, versteht sich! Naturnahe Schweinehaltung, jahrelange Erfahrung und reinste Handarbeit, vom Salzen bis Reifen, sind hier gefragt. Gern stellt man sich einen feschen Schwarzwaldbauern mit starken Oberarmen vor, der liebevoll kiloschwere Speckseiten in die Räucherkammer hängt. Nach vielen Arbeitsschritten, leidenschaftlicher Zuwendung und langem Warten wird dieses edle Stück, nach Schwarzwaldluft duftend, zu einem königlichen Hochgenuss.

Der Schwarzwälder Speck ist Teil unserer jahrhundertealten Tradition und stammt aus einer Zeit, in der es für die Haltbarmachung der Lebensmittel noch keine Kühlschränke gab. Berühmt ist er auch noch, unser kulinarischer Botschafter, weit über unsere Landesgrenzen hinaus. Als Neuling freut man sich auf die erste kulinarische Begegnung mit ihm und erwartet für dieses edle Stück mit schöner Marmorierung feinstes Porzellan mit Goldrand, edles Silberbesteck – Verzierungen und Schnörkeleien, einer Spitzengastronomie würdig. Doch welche Verwunderung, wenn das begehrte Stück auf einem simplen Holzbrett serviert wird, einfach so. Vergeblich sucht man das Besteck und findet nur ein scharfes Speckmesser. Wo ist der Teller? Die Gabel? Nur einige Scheiben Holzofenbrot werden gereicht. Es benötigt

dann seitens des Wirts ein wenig Aufklärungsarbeit. Quer soll man ihn schneiden, und hauchdünne Streifen sollen es sein, damit sich sein feines Aroma entfalten kann. Bei der Schwarte scheiden sich die Geister: Viele plädieren für das Wegschneiden, andere wiederum rümpfen bei einer solchen Aussage demonstrativ die Nase und verspeisen sie mit Hochgenuss. Jetzt endlich folgt der erste Biss. Viele Geschmacksnuancen, von der Weißtanne bis zur Rauchküche, erfreuen den Gaumen. Zart und doch mit fester Konsistenz. Herrlich! Spätestens jetzt verstehen wir, warum der Schwarzwälder Speck keine Verzierungen und Schnörkeleien benötigt. Er ist schlicht, authentisch und edel, wie die Menschen hier im Schwarzwald.

Honigschlecks

Eine Scheibe frisches Bauernbrot mit knuspriger Kruste, so lang wie der ganze Unterarm, dick beschmiert mit rahmiger Butter und löffelweise Tannenhonig darauf, als Kinder war das für uns das Schlemmereldorado. Bei einem heißen Kakao saßen wir zusammen am Kachelofen und fühlten uns wohl, auch ganz innen. Ich schmecke ihn noch auf der Zunge, den Tannenhonig meiner Kindheit. Nicht so süß wie Blütenhonig, hat er einen feinen herb-würzigen Geschmack. Der ganze Duft des Waldes mit seinen harzigen Aromen und die ätherischen Öle der Tannenspitzen sind in einem kleinen Gläschen vereint. Fester von der Konsistenz, unterscheidet er sich auch in der Farbe: dunkelbraun mit einer rotbräunlichen Schattierung, an Bernstein erinnernd. Der Tannenhonig ist das süße Gold des Schwarzwalds.

Als Honigtau wird er nicht von dem Nektar der Blütenpflanzen gewonnen, sondern vom Tau der pflanzensaugenden Insekten. Die Läuse, die sich auf den Weißtannen ansiedeln, saugen den Pflanzensaft der Tannennadeln auf. Mit ihrem Saugrüssel ausgerüstet, stechen sie in die Nadel ein und laben sich an dem zuckerhaltigen Nadelsaft. Der überwiegende Teil des Zuckers wird ausgeschieden und ist die Ausgangssubstanz unseres begehrten Tannenhonigs. Einmal schrie ein Kind bei einer Naturführung: »Wie eklig, Tannenhonig ist ja Insektenkaka!« So kann man es auch nennen, aber dann 'st es eben eine ganz besonders hochwertige Ausscheidung. Denn nur beim Vorliegen bestimmter klimatischer Bedingungen kommt es zu der Vermehrung der Laus und einem guten Ertrag an Tannenhonig. Dies ist im Schwarzwald nur alle zwei bis drei Jahre der Fall, manchmal muss man sogar fünf Jahre auf das süße Gold des Schwarzwalds warten. Der Waldhonig enthält viele Vitamine, Mineralstoffe und Spurenelemente; was ihn aber ausmacht, ist sein hoher Gehalt an ätherischen Ölen. Aus diesem Grund gilt er als gutes Hausmittel zur Behandlung von Erkältungsbeschwerden. Wenn es im Hals kratzt oder ein starker Hustenreiz uns plagt, wirkt eine warme Honigmilch sehr wohltuend. Auch ohne Erkältung, ohne Kratzen im Hals und Heiserkeit, schmeckt unser Tannenhonig einzigartig gut. In der Bibel wird das verheißene Land beschrieben, in dem Milch und Honig fließen. Damals schon hat man eindeutig den Schwarzwald gemeint.

Einfache Lit Esse

Die einfachsten Dinge im Leben sind die besten. Mit den bloßen Füßen im Matsch stampfen, vor dem Spiegel Grimassen schneiden, mit dem Hund kuscheln und in einer warmen Küche ein Wohlfühlgericht essen. Genauso verhält es sich mit den traditionellen Gerichten des Schwarzwalds. Sie wärmen uns von innen, sind schmackhaft, preiswert und meist aus der Not der Bauern entstanden. Kein Tropfen auf einem Hauch eines Kleckses mit seiner Dreierlei-Variation, keine drei Gabeln, drei Messer und zwei Löffel. Einen großen Teller, ein scharfes Messer und vielleicht noch einen Löffel, mehr braucht es nicht, um Dampfnudeln und *Bibbeleskäs* zu essen. Jeder heutige Ernährungsinfluencer würde seine Hände über dem Kopf zusammenschlagen, den Blog ruhen lassen und wegrennen, würde man ihn an den gedeckten Esstisch eines Schwarzwälder Bauernhofs von vor 100 Jahren bitten. Heute sollen wir uns kohlenhydratreduziert ernähren, mit Superfoods aus fernen Ländern unsere Speisen bereichern und Smoothies trinken. Oder ist das jetzt schon wieder out? Jederzeit jagt ein neuer Foodtrend den gerade noch aktuellsten.

Früher hing der Speiseplan der einfachen Bauernküche davon ab, was die Tiere, die Vorratskammer oder der Garten hergaben. Wochenlang gab es Kohl oder Mangold, die heutige Vielfalt und die internationalen Einflüsse fehlten natürlich. Zeit für kulinarische Experimente gab es nicht, die Großfamilie musste ernährt und die

Ranzen mussten gefüllt werden. Schmökert man in alten Rezeptbüchern, so liest man wie in einem Geschichtsbuch und begibt sich auf interessante Spurensuche. Die Speisen von damals spiegeln uns die Geschichte der Ernährung wider, geben Auskunft über den sozialen Status und die damaligen Werte. Ernährung ist Kultur. Wie einen Schatz hüte ich das alte Kochbuch meiner Vorfahren. Neben den gedruckten Rezepten in altdeutscher Schrift sind viele, teilweise unleserliche handschriftliche Ergänzungen von Großmüttern und Urgroßmüttern angemerkt. Unglaublich, welche Kreativität man an den Tag legte und was man mit wenigen Zutaten so alles herbeizaubern konnte, *Reschtleküche* eben. Seelentröster. Dazu gehören Kartoffelsuppen, mit vielen Kräutern und Sahne, eine echte Knochenbrühe, stundenlang geköchelt und mit Grieß verfeinert, oder Dampfnudeln, die in der ganzen Küche duften und nach Kindheit schmecken. Und natürlich *Bibbeleskäs* oder *Bibeleskäs* mit noch ganz anderen Schreibweisen. Die Rede ist nicht von einem Quark, der mit Sahne verfeinert ist, so wie er heute in unserer EU-genormten Welt vorzufinden ist, sondern von einem aus stehen gelassener Rohmilch natürlich versauertem Quark, der eine körnige Struktur hat und cremig schmeckt. Durch ein Sieb gegossen, wird er von der Molke getrennt und der rahmige *Bibbeleskäs* mit Zwiebeln und Kräutern verfeinert. Herrlich, authentisch. Und Omas Küche ist wieder in.

Urige Vesperstuben

In den traditionellen Vesperstuben des Schwarzwalds wird nicht schick diniert, sondern zünftig gevespert. Auf der Speisekarte steht ein begrenztes Angebot von unkomplizierten Brotzeiten. Vom Speckvesper bis hin zum einfachen Schinkenbrot, für Freunde der Schwarzwälder Wurstwaren ist reichlich gesorgt. Salatesser können wählen zwischen Wurstsalat, Fleischsalat und Elsässer Wurstsalat. Gemüse sucht man in den Vesperstuben vergeblich, es sei denn, man zählt die Essiggurke und die Zwiebelringe der Vesperplatte zu den von der Deutschen Gesellschaft für Ernährung empfohlenen fünf täglichen Gemüse- und

Obstrationen hinzu. In der Regel gibt es keine warmen Speisen, allenfalls ein Schnitzel mit Brot oder die Tagessuppe. Ergänzt wird das Angebot mit saisonalen Spezialitäten wie dem Zwiebelkuchen und den selbst gebackenen Torten und Kuchen. So spärlich die Essenskarte wirkt, so reichhaltig ist das Getränkeangebot. Bier, Wein, Most, nichtalkoholische Getränke, warme Getränke und vor allem Schnaps in sämtlichen Geschmacksrichtungen – alle Baumarten und Knollen der gesamten Schwarzwaldregion sind in den Wässerchen vertreten. In ihrer Schlichtheit sind Vesperstuben unübertroffen gut und ein Ort des gemütlichen Beisammenseins, in dem auch der neuste Tratsch ausgetauscht wird. Manchmal wird auch ganz große Weltpolitik betrieben, vor allem, wenn man am Stammtisch sitzt und den Dauerhockern lauscht, die die Aussagen der Politiker fachmännisch interpretieren. Zeitunglesen ist überflüssig!

Da kummt mer net uff dumme Gedanke

Der Schwarzwald gilt als *das* Wanderparadies mit seinem dichten und gut ausgeschilderten Netz an Wanderwegen, die wir größtenteils dem Schwarzwaldverein zu verdanken haben. 1864 gegründet, war er zunächst ein Zusammenschluss von Gastwirten und Lokalpatrioten, die es sich zur Aufgabe gemacht hatten, in ihrer Heimat touristische Infrastrukturen zu erschaffen. Eine immer größer werdende Anzahl an Kurgästen ratterte in den Zügen an unserem Mittelgebirge vorbei, hin zu den Alpen. Ziel war es, sie mit Aussichtstürmen und Wanderwegen dauerhaft in den Schwarzwald zu locken. Nach und nach haben die vielen Ortsgruppen Wanderwege angelegt und nach Lust und Laune bunt markiert: mal mit Raute oder Kreuz, mal mit Kreis oder einem Viereck. Es gab kei-

ne einheitliche Regelung, und mit jedem Kilometer zusätzlichem Wanderweg wuchs der unübersichtliche Schilderdschungel. Um die Jahrtausendwende dann fand eine Reform zum Zwecke der Vereinheitlichung statt, und die gelbe Raute auf weißem Hintergrund markiert seitdem alle lokalen Wanderwege. Eine blaue Raute ergänzt die Markierung für regionale Wege und eine rote für die Fernwanderwege. Doch nun kommen die Touristiker ins Spiel. Gelbe Raute auf weißem Hintergrund lässt sich eindeutig nicht so gut verkaufen wie der genussvolle Vesperweg oder die lustige Schnapsbrunnentour. Und so schmücken nun fantasievolle Namen unsere Wege – ade, Vereinheitlichung. Erstaunlich, was ein neuer Name, ein farbenfrohes Logo und eine Himmelsliege so alles bewirken. Kaum ist der alte neue Weg frisch eingeweiht, findet man gerade an Sonntagen volkswanderähnliche Zustände vor, die nach Leitsystem und Vorfahrtsregeln schreien. Punktet der Pfad gar mit einer Einkehrmöglichkeit, ist man sicher, gesellschaftlichen Anschluss zu finden, auch ungewollt. Sucht man hingegen die Ruhe, empfiehlt es sich, eine Wanderroute in einer kulinarischen Wüste zu wählen. Gepaart mit vielen Höhenmetern, ist man sicher, mit der Stille als Wegbegleiter zu wandern.

Insgesamt sind es 24 000 km markierte Wanderwege – mehr als eine halbe Wanderung um die Welt, ohne den Schwarzwald je zu verlassen! –, die von den vielen Ehrenamtlichen des Schwarzwaldvereins kontrolliert und markiert werden. Über 60 000 Mitglieder zählt der Verein, die mit ihrer Arbeitsleistung und ihrer Zeit dazu beitragen, dass der Schwarzwald ein Wanderparadies ist. Menschen wie Eugen Dieterle zum Beispiel, der mit seinen stolzen 82 Jahren auf eine jahrzehntelange Tätigkeit beim Verein zurückblicken kann: vom Wegewart zum Bezirksvorsitzenden, um dann 13 Jahre als Präsident die Belange des Schwarzwaldvereins zu leiten; insgesamt knapp 60 Jahre ehrenamtliche Vereinsarbeit und Mitgliedschaft. Bescheiden schaut der heutige Ehrenpräsident auf sein aktives Vereinsleben zurück und unterstreicht: »Da kummt mer net uff dumme Gedanke.« Treffender kann man es nicht ausdrücken. Und dass Wandern fit hält, sieht man Eugen Dieterle sofort an: »So ab achtzig hab ich gemerkt, dass es nimmer so gut geht.« Respekt.

Die Magie des Wanderns ist einzigartig: Schritt für Schritt kommen wir in der Stille der Natur zur Ruhe und treten ein in eine Welt der kleinen Schönheiten. Wir nehmen die Kraft der Elemente in uns auf. Wir spüren Sonne und Regen, riechen Erde und sehen das endlose Grün. Wandern ist einzigartig, denn es ist für alle geeignet, von Klein bis Groß, es benötigt keine spezielle Ausrüstung und ist gratis. Und im Schwarzwald beginnt das Wandern vor unserer Haustür. Was will man mehr?

Eine Spur wilder

Der Slogan des Nationalparks Schwarzwald – »Eine Spur wilder« – könnte nicht treffender sein. Hier, inmitten von 10 000 Hektar nahezu unberührter Natur, kann man die Wildheit in ihrer ganzen Schönheit erfassen. Der an Jahren noch recht junge Nationalpark ist der Hüter einer berauschenden Naturlandschaft, die vielfältige Gesichter zeigt: Bergmischwälder in den Hochlagen, wasserspeichernde Torfmoore und lichtdurchflutete Grinden, dunkle Karseen und zum Teil schon sehr alte Bannwälder. Diese Vielfalt an Lebensräumen ist die Heimat zahlreicher Pflanzen und Tiere und bietet ein fragiles Naturparadies für viele bedrohte und seltene Arten wie den Dreizehenspecht und den Raufußkauz, für seltene Arten von Hochmoor-Libellen, die Kreuzotter und den Auerhahn, für seltene Torfmoose und Wollgrasarten. Seit seiner Gründung 2014 wird die gestutzte und vermenschlichte Natur in dem großen Schutzgebiet des Nationalparks ganz bewusst in die Freiheit entlassen, und so entstehen nach und nach ganz andere Naturwelten. Um diese einzigartige Landschaft für die Besucher erlebbar zu machen, hat der Nationalpark Schwarzwald am Ruhestein ein neues Besucherzentrum erschaffen. Keine einfache Aufgabe, die natürliche Schönheit der Natur in einem Gebäude festzuhalten und für die Besucher greifbar zu machen, und doch ist es gelungen, in dem Besucherzentrum und vor allem in der Ausstellung den Zauber der einzigartigen Naturlandschaft einzufangen.

Der von außen schlichte Gebäudekomplex, bestehend aus verschiedenen Riegeln, fügt sich mit seinen Schindeln harmonisch in die Landschaft ein. Als hätte der Sturm gefegt und Baumstämme mit seiner Naturgewalt planlos aufeinandergeworfen, so wirken die langen, aufeinandergelegten Gebäudekomponenten.

Millimetergenau in die bestehende Waldlandschaft eingefügt, umgeben jahrhundertealte Nadelbäume als Hüter einer anderen Zeit das Gebäude. Überwiegend aus heimischer Fichte und Tanne erbaut, ergänzen luftige Stahl- und große Glaselemente die Gebäuderiegel. Der Skywalk bietet einen Gang auf Augenhöhe mit den Baumästen und mündet in einen Aussichtsturm, der einen freien Blick über die Baumkronen gewährt. Herzstück des neuen Besucherzentrums ist jedoch die Dauerausstellung. Der Wald als Protagonist nimmt den Besucher mit in eine faszinierende Welt und erzählt ihm auf unglaublich poetische, aber zugleich auch wissenschaftliche Weise seine bedeutende Vielfalt. Nachgebildete Landschaften mit ihrer Tier- und Pflanzenwelt, faszinierende Animationsfilme sowie die Möglichkeit, den Nationalpark aus der Vogelperspektive zu erkunden, Geräusche und Gerüche – alle Sinne werden in der Ausstellung bedient und tauchen den Besucher in eine zauberhafte Naturwelt. Aufgegliedert in Themenwelten, werden die Bedeutung der Lebenszeit, die komplexe Kommunikation, die Artenvielfalt und die Stoffflüsse thematisiert. Der Besucher taucht schließlich in den Waldboden ab und entdeckt die komplexe Welt der Pilzfäden. Gekonnt endet die Ausstellung mit der Frage, welche Zukunft wir uns für unsere Erde wünschen. Spätestens jetzt haben wir verstanden, dass wir nur ein Teil des großen Ganzen sind, ein Wimpernschlag auf der Erde, und doch liegt die Zukunft in unserer Hand.

Das neue Besucherzentrum ist ein Spiegel der ungezähmten Naturlandschaft mit ihren vielfältigen Facetten, die uns lehren, die Natur als Ganzes zu sehen, ihre vollkommene Ästhetik aufzunehmen, ihr zu vertrauen, Veränderungen zuzulassen und mit Ehrfurcht und Geduld an ein Morgen zu glauben.

Wildes Wasser

Zugegeben, im internationalen Ranking der gewaltigen Wassermassen, die mit einer unglaublichen Wucht nach unten donnern, sind wir mit unseren Wasserfällen nicht ganz oben angesiedelt. Doch auch im Schwarzwald plätschert, sprudelt und schäumt es. Die höchsten Wasserfälle Deutschlands, die **Triberger Wasserfälle**, sind die bekanntesten Kaskaden im Ländle, gefolgt von dem **Todtnauer Wasserfall**, dem zweithöchsten Wasserfall außerhalb der Alpen, und den sagenumwobenen **Allerheiligen-Wasserfällen**, die mit ihren Klosterruinen eine traumhafte Szenerie bieten. Die gute Zugänglichkeit dieser Wasserfälle und deren berauschende Schönheit hat sich herumgesprochen, und so ist man nie alleine auf den Pfaden, die zu den Wasserschauspielen führen. Neben diesen bekannten tosenden Wasserspielen gibt es noch ruhigere Wasserfälle, die nicht minder schön sind. Der **Burgbachwasserfall** ist so ein Beispiel. Die Kaskade liegt im Wolftal, mitten im dichten Wald der Gemeinde Bad Rippoldsau-Schapbach. Hat man ihn einmal gefunden, so kann man sich dem 32 Meter frei fallenden Wasser nur schwer entziehen. Die **Zweribachwasserfälle** im Simonswald muss man sich erst erarbeiten. Keine betonierte Landepiste, die eine Busladung Wanderer direkt an den Wasserfall bringt, kein nivellierter Pfad mit Handlauf, keine Souvenirläden, wie sie so manch anderer Wasserfall im Schwarzwald aufweist. Nur wilde Schönheit.

Von Sankt Märgen aus wandernd, vorbei an der bekannten Rankmühle, kommen wir schnell zu einem Bannwald. Wir freuen uns auf das Naturschauspiel, das uns erwartet, auf die einsame Ruhe im Wald. Nur noch wenige Meter, wir können das Rauschen des Wassersturzes schon hören. Aber was sind das für andere Geräusche? Sind das etwa Stimmen, die den Wasserfall übertönen? Wir biegen um den letzten massiven Sandsteinblock und ste-

hen vor einer indischen Großfamilie, die entzückt vor dem *Black Forest waterfall* steht. Es wird geklatscht und gekreischt, und wir freuen uns mit ihnen über so viel Enthusiasmus. Jeder Einzelne der 16-köpfigen Familie möchte seine eigene Aufnahme mit dem Wasserfall als Hintergrundmotiv, mal mit Jacke, mal ohne Jacke, mal mit schrägem Kopf, mal mit geradem. Dabei werden von den Damen die langen Haare für jedes Foto in unterschiedlicher Richtung geschwenkt. Wir fragen uns: Wer wird sich die vielen Aufnahmen der Großfamilie anschauen? Vor jedem Wechsel der Akteure werden die Fotografien überprüft, bevor das nächste Familienmitglied an der Reihe ist und die Haare schwenken darf. Das Schauspiel dauert knapp eine halbe Stunde, und wir sind fasziniert, nicht vom Wasserfall, sondern von den Darstellern. Endlich sind alle Beteiligten mit ihren Fotografien zufrieden und gehen den anstrengenden Pfad langsam wieder hinauf. Und dann haben wir sie ganz für uns, die Zweribachwasserfälle. Wir freuen uns über die ungezähmte Schönheit der Kaskaden und genießen den ruhigen Moment.

Für Gipfelstürmer

Im Schwarzwald gibt es unzählige Berggipfel. Man wäre sicherlich lange damit beschäftigt, sie alle zu erwandern. Über den teils engen Tälern mit begrenzter Sicht bieten die vielen Bergrücken einen atemberaubenden Blick in die Ferne, unzählige Bergketten eröffnen sich dem Beobachter, und der grüne Waldteppich des Schwarzwalds liegt dem Wanderer zu Füßen. Die Hornisgrinde ist mit 1164 Metern der höchste Berg im Nordschwarzwald, der Feldberg mit seinen 1493 Metern der höchste Gipfel Deutschlands außerhalb der Alpen, und der Belchen – die Schönheit liegt im Auge des Betrachters – der schönste Gipfel im Ländle.

Ein guter Startpunkt für die Begehung der **Hornisgrinde** ist der Mummelsee. Der sagenumwobene See ist heute leider ein Rummelsee und mit seinen Touristenläden ein unglaublicher Besuchermagnet. Denkt man sich mithilfe höchster Kraft und Konzentration die vielen Menschen, den Motorenlärm, die asiatischen Kuckucksuhrmagnete und geschmacklosen Bollenhutimitationen weg, eröffnet sich uns eine traumhafte Szenerie. Meist mystisch im Nebel gelegen, spiegeln sich die hohen Tannen im Wasser des Karsees. Verlässt man nun dieses Fleckchen gut florierender Industrie und purer Reizüberflutung und tritt nur wenige Meter in den Wald hinein, so gelangt man schnell in eine andere Welt, in die Welt der rauen Schönheit der Hornisgrinde. Durch Waldrodungen und anschließende jahrhundertelange Weidenutzung entstanden baumlose Feuchtheiden mit Hochmooren,

»kahle Köpfe«, auch Grinden genannt. Gipfelmoore wie auf der Hornisgrinde sind in Süddeutschland eine ganz große Seltenheit und bilden den Lebensraum vieler seltener Pflanzen und Tiere, wie der bedrohten Kreuzotter oder des seltenen Zitronenzeisigs. Die Hornisgrinde gilt als einer der niederschlagsreichsten Orte Deutschlands. Zusammen mit dem häufigen Nebel, der baumlosen Landschaft und dem Hochmoor fühlen wir uns fast wie in Schottland, nur mitten im Schwarzwald. Die eigenwillige Ausstrahlung der Hornisgrinde ist immer wieder faszinierend und berauschend.

Zugegeben, die Talstation des **Feldbergs** entspricht nicht dem Naturidyll des Schwarzwalds. Viele Menschen, viel Verkehr, ein großes Parkhaus. Gerade im Sommer wirken die verwaisten Liftstationen, Skiverleihhäuser und

Après-Ski-Bars deplatziert und trostlos. Doch verlässt man die touristischen Pfade, so tritt man auch dort ein in eine zauberhafte Naturwelt. Natürlich kann man mit der Seilbahn bequem zum Gipfel gelangen. Wer kann, sollte von der Talstation zum Feldsee und über den Felsenweg zum Berggipfel wandern. Schnell gelangt man in einen urwaldähnlichen Bannwald mit einer naturnahen Vegetation, in die der Mensch nicht eingreift. Stürme und der Borkenkäferbefall hinterlassen ihre Spuren, überall tote Bäume, die auf den ersten Blick unsere Optik stören. Tot? Ganz und gar nicht. Überall summen Insekten, rufen und pfeifen Vögel und schmatzen Käfer. Das Totholz ist eine wichtige Lebensgrundlage für eine artenreiche Tierwelt. Nehmen wir zum Beispiel den seltenen Dreizehenspecht, der 1990, nach 100 Jahren Emigration in die Schweiz, zurückgekehrt ist. Er ernährt sich mit Vorliebe von Borkenkäferlarven, baut seine Bruthöhlen meist in abgestorbenen Fichten und findet hier nun wieder ein fragiles Paradies. Auch um den Gipfel des **Belchens** zu erreichen, kann man bequem in eine Seilbahn steigen. Mühseliger, dafür aber umso spektakulärer ist die Ersteigung des Belchens auf dem Premiumwanderweg Belchensteig. Entlang des Weges gibt es immer wieder grandiose Ausblicke. Das flache Rheintal und im Hintergrund die Silhouette der Vogesen liegen dem Wanderer zu Füßen. Und immer wieder Magerwiesen mit einem bunten Blumenmeer und geschnitzte Bänke, die die Wanderer zum Verweilen einladen. Die markante runde und baumlose Silhouette des Belchens gipfelt bei 1414 Metern. Oben am Gipfelkreuz angekommen, ein Rundumpanorama, das für die Mühen des langen Aufstiegs belohnt. Ein Erlebnis mit Suchtpotenzial.

Kleine Auszeit

Mal ehrlich, wann haben wir das letzte Mal etwas Verrücktes hier im Schwarzwald unternommen? So dachten wir und beschlossen, eine Nacht im Wald zu verbringen, ohne Zelt, keine fünf Kilometer von daheim. In unserer betonierten und geordneten Welt war das das Verrückteste, was uns als kleine Auszeit eingefallen war. Mit der Freude im Gepäck, eine wahres Mikroabenteuer zu erleben, und dem Reiz noch dazu, vielleicht ein klein wenig etwas Verbotenes zu unternehmen, gingen wir am späten Nachmittag los. Im Gepäck, zusätzlich zur Freude, ein leckeres Vesper, ein Schlafsack, eine Isomatte und sonst nichts. Groß hatten wir unser Abenteuer angekündigt und wurden ein wenig dafür bewundert. Wir waren stolz und fühlten uns fast wie Alexander von Humboldt, nur mit Handy, Navi, Pulsmesser und Schrittzähler. Mit jedem gelaufenen Kilometer wuchs die Vorfreude auf das nächtliche Abenteuer, aber auch der innere Druck, den perfekten Schlafplatz zu finden. Bei jeder Möglichkeit, die sich uns bot, überlegten wir gemeinsam, ob das der Ort des Mikroabenteuers und unserer Träume sein sollte. Doch das Traumplätzchen wurde nicht gefunden; entweder war die Stelle zu steil oder zu steinig, oder ganz andere Makel wurden bemängelt. Die Kilometer mitten im Wald reihten sich aneinander, und mit ihnen wuchsen die Dunkelheit und eine Beklommenheit. So ganz weit weg vom Schuss, mitten im Wald übernachten? Was, wenn ich urplötzlich eine Sehnsucht nach einer ganzen Tafel Schokolade verspüren sollte, die sofort gestillt werden

müsste? Gefühlt müsste ich eine Million Schritte nach Hause laufen zum gut gefüllten Küchenschrank. Und wie wäre es, wenn plötzlich mein Zahn anfangen würde zu schmerzen und ich heute Nacht noch unbedingt eine kieferorthopädische Behandlung benötigen würde? Natürlich konnte ich meine Ängste nicht zugeben, mutig hatten wir ja unser Vorhaben angekündigt. Vor uns, nach einer Wegbiegung, sahen wir plötzlich eine klitzekleine, verlassene, aber leider abgeschlossene Hütte. Ein Blick durch das Fenster verriet, dass hier ab und an Jäger hausen mussten. Die ganzen Wände hingen voller Geweihe, der Rest der Hütte war mit leeren Weinflaschen möbliert, Hunderte mussten es sein. Der perfekte Schlafplatz, beschloss ich sofort. Nicht wegen der Weinflaschen, sondern wegen des Gefühls der Zivilisation, der ich ja großtönig hatte den Rücken zukehren wollen, zumindest für eine Nacht. Unter dem schützenden Dach des Holzschopfs breiteten wir unser Nachtlager aus. Wir lagen in unseren Schlafsäcken, freuten uns über das wahre Abenteuer, hörten dem gelegentlichen Knacken des Waldes zu und dem Waldkauz, der in der Ferne rief. So langsam beruhigte sich das Herz, und die Augen wurden schwer. Wir schliefen ein, um nur kurze Zeit später von einem lauten Motorengeräusch und einem Türschlagen geweckt zu werden. Ein bellender Hund, in meiner Vorstellung mindestens so groß wie ein Bär und mit Eckzähnen wie ein Wolf. Männer und laute Zurufe. Kein Zweifel, es waren die Jäger, die ihre Hütte aufsuchten. Wir machten uns so dünn wie möglich und versuchten, eins zu sein mit unseren Schlafsäcken. Ein Kofferraum wurde zugeknallt, schwere Kisten wurden in die Hütte geschleppt, und die Haustür schlug laut zu. In dem Häuschen wurde es nach einigem Poltern schnell still. Unsere geschärften Sinne sagten uns, wir sollten endlich mal wieder atmen. Mein Herz war nicht in die Hose, sondern ganz weit unten in den Schlafsack gerutscht. Unmöglich, wieder einzuschlummern. Sollten wir liegen bleiben oder doch lieber ohne Licht durch den Wald stapfen? Wenige schlaflose Stunden waren vergangen, als es in der Hütte wieder laut wurde, die Jäger traten vor das Haus, pinkelten ganz nah an meinem Ohr und lachten: »Ihr da, sinner wach? Mir gehe jetzt, drinne im Hus isch Kaffee. Einfach Dür zumache, wenn ihr gehn.« Endlich trauten wir uns, die Köpfe aus den Schlafsäcken zu stecken. Kaffee – das klang ganz wunderbar nach einer Nacht mitten in der Wildnis.

Tiefes Wasser

D as wirklich Einzige, was mir hier im Schwarzwald fehlt, ist das Meer. Das wilde Meer mit
seinem hohen Wellengang. Den Wind um die
Ohren, das salzige Wasser auf den Lippen. In der Ferne, am Horizont, verschmelzen Himmel und Wasser in
ein wunderbares Grau, undefinierbar, ein ganzer Farb-
kasten würde nicht ausreichen, um die Farbenpracht
festzuhalten. Vielleicht sind es meine bretonischen Vorfahren, die in mir schlummern und wie Ebbe und Flut
regelmäßig zum Vorschein kommen. Gut, dass wir hier
im Schwarzwald mit den Karseen kleine Naturidyl-
len haben. Grandios in die Landschaft des Schwarzwalds eingebettet, sind die Karseen Relikte aus der
letzten Eiszeit, als eine Eisschicht die Höhenlagen des
Schwarzwalds bedeckte und Hängegletscher sich tief
in das Gestein einhobelten. Nach der Gletscherschmel-
ze ist das Wasser in den Mulden stehen geblieben und
wird bis heute von Niederschlägen und Bächen ge-
speist. Viele der einstigen Karseen sind heute verlan-
det, also von Sedimenten zugeschüttet oder mit Pflanzen überwuchert worden. Heute sind im plateaureichen
Nordschwarzwald mit seiner hohen Kardichte noch
zehn Karseen vorzufinden. Der bekannteste ist der Tou-
ristenliebling **Mummelsee**. Die Nähe der Schwarzwald-
hochstraße und die angelegte Uferpromenade machen
es einfach, ihn zu erkunden. Das finden auch viele andere Besucher so. Neben dem Mummelsee laden viele
andere Karseen zum ruhigeren Verweilen ein. Die moo-
rige Landschaft, die Torfinseln, die außergewöhnliche

Pflanzenvielfalt sind eine Besonderheit der Karseen. In Schutzgebieten oder Bannwäldern gelegen, verhüllen sie eine fremde und mystische Welt mit ihrer ganz eigenen Pflanzen- und Tierfülle. Das Gebiet um den **Wildsee** zum Beispiel ist seit über 100 Jahren Bannwald, in den der Mensch nicht eingreift, wo Wald natürlicher Wald sein darf und auf Absterbeprozesse eine natürliche Wiederbewaldung folgt. In südlicher Richtung befindet sich dann der **Glaswaldsee**, der vom Westweg aus betrachtet wie ein schwarzes Auge erscheint, führt doch der berühmte Fernwanderweg auf der Kammhöhe durch eine naturbelassene Landschaft. Wer ganz eintauchen möchte in die faszinierende Szenerie der Karseen des Nordschwarzwalds, begibt sich auf den 91 km langen Baiersbronner Seensteig, der die Erkundung von sieben Karseen einschließt und zu einem der schönsten Wanderwege Deutschlands gekürt wurde.

Zugegeben, die Karseen im Schwarzwald sind nicht so wild wie das bretonische Meer, dafür schlummern in ihnen fantastische Wesen. Viele Geschichten ranken sich um die sagenumwobenen Orte, die idyllische Lage, die Nebelschwaden im Herbst und das unergründlich tiefe Wasser verleiteten zu märchenhaften Erzählungen von Schwarzwälder Wassergeistern. Am Ufer, in völliger Ruhe, schauen wir auf das Wasser und spüren die faszinierende Wirkung des Sees auf uns Menschen. Die Spiegelungen der Nadelbäume und das Spiel der Farben auf der Wasseroberfläche verleiten zum Träumen. Ein Kraftort.

Schöne Aussichten

Eine Schwarzwaldfee hat ihren Zauberstab im Kreis herumgeschwungen und den Aussichtsturm auf dem **Sommerberg** in Bad Wildbad erschaffen. Wie ein endloser Wirbel, dem Himmel entgegen, erstreckt sich der Turm in die Höhe. Ein luftiges Skelett aus Douglasie, Lärche und Stahl; Licht und Luft durchströmen die Konstruktion. Oben angekommen, auf 40 Metern Höhe, ist die Aussicht gigantisch. Wie ein Vogel schwebt man über den Baumwipfeln des Nordschwarzwalds. Oder, wie ein kleiner Junge es ganz aufgeregt seinen langsam hinterherkommenden Eltern zurief: »Kommt schnell, hier oben ist er, der Schwarzwald!« Bei guter Fernsicht erblickt man in der Weite die Schwäbische Alb und den Stuttgarter Fernsehturm. Barrierearm und kinderfreundlich, sogar mit einem Rollstuhl kommt man bis zur Spitze. Und wenn man hinaufkommt, kommt man auch wieder hinunter. Und wie! In einer Riesenrutsche darf man noch mal Kind sein und rutscht in nur 10 Sekunden mit schnellem Tempo hinab. Die älteste Rutscherin, eine mutige Dame, war übrigens über 90 Jahre alt und hat ihre Sausefahrt in vollen Zügen genossen.

Neben dem Baumwipfelpfad mit Aussichtsturm gibt es auf dem Sommerberg auch die Hängebrücke Wildline, auf der man 60 Meter über dem Tal schwebt. Es gehören 380 Meter Mut und absolute Schwindelfreiheit dazu, um über die schwankende Brücke zu schreiten. Die ersten wackligen Schritte sind schwer, ungewiss, denn die filigrane Konstruktion steigt zur Mitte hin an, das Ende ist nicht in Sicht. Bauchkribbeln, Herzklopfen und noch ein paar Schritte. In der Mitte angekommen Glücksgefühle pur, auch Stolz, ringsherum nur Himmel und Luft, und das Gefühl der grenzenlosen Freiheit breitet sich aus. Die letzten Schritte sind schnell gemacht und der feste Boden unter den Füßen sehr willkommen. Ein Adrenalinkick.

Neben diesen kommerziellen Ausblicken gibt es im Schwarzwald auch viele Aussichtstürme, die man gratis oder gegen eine Spende erklimmen kann, so wie der neue **Buchkopfturm** in Maisach, ein Konstrukt aus heimischer Weißtanne und 13 Tonnen Stahl, der in 28 Metern Höhe gipfelt und mit seinen luftigen 140 Treppenstufen aus Stahl einen freien Blick auch nach unten ermöglicht. Die vielen Aussichtstürme im Schwarzwald lassen uns über den Tellerrand der engen Täler blicken und erweitern unsere Sicht ins Unendliche.

Von Hexen, Mördern und dem Herrgott

Ganz in der Stille sitzen wir beim Herrgott, um uns herum keine andere Menschenseele. Nur die Magie des einzigartigen Moments als Begleiter. Er und wir. Zunächst galt es, die Tiefen des Hexenlochs hinter uns zu lassen, die Geister abzustreifen, das Böse abzuschütteln, frisch und zuversichtlich den anstrengenden Aufstieg, zum Himmel empor, zu bewältigen. Ganz oben nur die Krone der Buche als einladendes Dach, und Er. Wir sitzen nun vor ihm, dem **Balzer Herrgott**, auf einem Findling. Und trotz seiner Berühmtheit fühlen wir uns berührt von seiner Schönheit und von dem Frieden, den dieser Ort ausstrahlt.

Doch nicht so schnell. Angefangen hat unsere Wanderung beim Parkplatz der **Hexenlochmühle**, eine Sägemühle in der Nähe von Furtwangen und ein beliebtes Fotomotiv zugleich. Da hat sich wirklich einer etwas dabei gedacht: Café, Restaurant, Schwarzwälder Spezialitätenladen und Souvenirladen, alles in einer fotogenen und funktionstüchtigen Mühle vereint, und das in einem dunklen Loch, das sonst niemand besuchen würde, nicht mal der Postbote. Von dort steigen wir dem Himmel entgegen und kommen zum Balzer Herrgott, einer steinernen Christusfigur, deren eingewachsener Torso umhüllt ist von der schützenden Rinde der mächtigen Buche. Hier wird die Verschmelzung von Natur und Kunst erlebbar, nach und nach nimmt die Buche die Sandsteinfigur in sich auf, bis der Baum sie sich ganz einverleiben wird. Doch wie ist der Balzer Herrgott an

diesen magischen Ort gekommen? Eindeutig bewiesen ist die Herkunft des Balzer Herrgotts nicht. Eine Tafel neben der Buche informiert den Wanderer über eine wuchtige Schneelawine, die 1844 den Königenhof des Balthasar Winkels in Neukirch samt Hofkreuz zerstört haben soll. Die Arme und Beine der Sandsteinfigur waren abgebrochen, übrig blieben nur der Kopf mit dem ausdrucksstarken Blick und der Rumpf. Junge Burschen sollen den Torso durch den Wald zu seinem heutigen Standpunkt getragen und ihn an den Baum angelehnt haben. Zwei Gütenbacher Uhrmachergesellen sollen den Torso dann an der Buche befestigt haben, die ihn sich nun Stück für Stück einverleibt. Nur noch der Kopf des Balzer Herrgotts schaut heute aus seiner herzförmigen Umwallung der Rinde auf uns hinab. Ein magischer Ort.

Steil geht es nun hinab zum nächsten Loch, diesmal erwartet uns das Mörderloch. Unser Weg führt uns weiter nach Gütenbach und von dort nach mehreren Kilometern wieder zum Ausgangspunkt zurück. Insgesamt sind es dann über 16 Kilometer Wandergenuss mit über 700 Höhenmetern. Symbolisch steht diese Wanderung für viele andere Touren im Schwarzwald, die uns auf unseren Schritten mit ihren seltsamen Namen Geschichten erzählen, von Hexenlöchern und Mörderlöchern, vom Himmelreich und dem Höllental oder von einem Notschrei und der Wanderung zum Aftersteg. Heute führten uns unsere Schritte vom Hexenloch zum Mörderloch, zwischendrin haben wir jedoch eine friedvolle Rast beim Herrgott eingelegt.

Kleine Städtletour

Neben den bekannteren Städten des Schwarzwalds gibt es auch viele kleinere Städtle, die mit ihrem Liebreiz und den vielfältigen Angeboten mit den großen mithalten können. Echt!

Anfangen möchten wir unsere Erkundungsreise mit dem kleinen Städtchen **Sasbachwalden**, das mit seinen nicht mal 2600 Einwohnern ein ganz kleiner Punkt auf einer großen Landkarte ist. Das Wappen der Gemeinde verdeutlicht bereits, wie gut es sich in Sasbachwalden leben lässt: Eine Weißtanne für den Waldreichtum und den hohen Freizeitwert, die Weintraube für die Bedeutung des Weinanbaus und die Freuden, die damit einhergehen. Wald, Wein und mittendrin Fachwerk, was will man mehr? Das Fachwerkdorf Sasbachwalden reizt mit seiner besonderen Topographie, idyllisch eingebettet in den Weinbergen. Streuobstwiesen säumen die Rebenlandschaft, im Hintergrund steht der dichte Wald. Schöner kann die Postkartenidylle nicht sein. Gleich der gesamte Ortskern wurde unter Denkmalschutz gesetzt, die weiß leuchtenden Fachwerkhäuser ergeben ein pittoreskes Ensemble, so wie in einem riesigen Freilichtmuseum.

Unsere Reise bringt uns nun nach **Schiltach**. Nicht mal 4000 Einwohner zählt das Fachwerkstädtchen, punktet aber mit einem mittelalterlichen Flair, einer aktiven Innenstadt und sogar vier Museen. Herzstück des Städtchens ist der schöne Marktplatz, um den sich in

Reih und Glied adrette Fachwerkhäuser reihen. Neben dem stattlichen Rathaus mit den Fassadenmalereien und dem markanten Staffelgiebel stehen am kopfsteingepflasterten Marktplatz auch das Museum am Markt, das die wechselvolle Geschichte Schiltachs erzählt, und das Apothekenmuseum, das eine biedermeierliche Offizin beherbergt. Neben dem Gerberviertel, am Wasser der Kinzig gelegen, informiert das Schüttesägemuseum über das Holzhandwerk und die Flößerei, die jahrhundertelang die Schiltacher ernährte. Das Wasser als Lebensfluss wird auch im Museum für Wasser, Bad und Design des Armaturenherstellers hansgrohe erlebbar. Ausgestellt ist die Geschichte des Bads, vom simplen Plumpsklo und der Handpumpe bis hin zum Design-Badezimmer.

Unsere Entdeckungsreise enden wir im charmanten **Bräunlingen**, das knapp über 4000 Einwohner zählt, eine Zähringerstadt wie Freiburg und eine vorderösterreichische Enklave inmitten Fürstenberger Land. 600 Jahre lang hat das Inseldasein Bräunlingens das kleine Städtchen geprägt, was sich im historischen Stadtkern, den Treppengiebelhäusern und den hübschen Plätzen widerspiegelt. Eine über tausendjährige dokumentierte Geschichte, die im Kelnhof-Museum wiederzufinden ist. Alle, die jetzt denken, die eingeschlossene Stellung Bräunlingens führe zu einem rückständigen Inselblick, täuschen sich: Einzigartig ist die Geschichte des Bräunlinger Schwarzwald-Marathons, des ältesten Frauenmarathons der Welt. Mit Mut und Weitsicht riefen die Veranstalter 1968 den landschaftlich reizvollen Schwarzwald-Marathon ins Leben und öffneten den Lauf von Anfang an für Frauen, obwohl der Deutsche Athletikverband das zunächst nicht erlaubte. Seit über 50 Jahren schon ein populärer Lauf für alle Schwarzwälder*innen.

Es war ein langer Tag. Zur Stärkung holen wir uns in der Bäckerei Scherzinger ein Bierbrot, die Spezialität des Hauses, und schlendern gemütlich zur Löwen-Brauerei, wo uns ein frisch gezapftes Bier erwartet.

Wasser ist Leben

Unzählige Wasserläufe durchströmen den Schwarzwald. Seit Jahrtausenden bahnt sich das Wasser der kristallklaren Bäche und Flüsse seinen Weg durch die Gesteinsschichten des Schwarzwalds und modelliert dabei unsere unverwechselbare Landschaft. Wildromantische Schluchten sind entstanden, allen voran die berühmte **Wutachschlucht**, unser Schwarzwälder Grand Canyon. Ungezähmt rauscht das Wasser der Wutach und zwängt sich tosend durch die tief eingeschnittene Schlucht. Ein einzigartiges Naturschauspiel, das eine reiche Flora und Fauna beherbergt. Kaum werden die Tage wieder länger, blüht der zarte Märzenbecher, und die markante Blüte der Pestwurz kommt zum Vorschein. Mondviole, Blauer Eisenhut und der Aronstab bereichern die vielfältige Vegetation. Über dem blühenden Pflanzenreich schwebt eine unglaubliche Anzahl an bunten Schmetterlingen, über 500 Arten sollen das Wildflusstal als Heimat haben. Blau leuchtende Eisvögel mit ihrem prächtigen Gefieder gleiten über das rauschende Wasser, während die grün glänzenden Prachtlibellen ihren Lufttanz vollziehen.

Nicht so beeindruckend auf den ersten Blick ist ein ganz anderes Naturschauspiel. Das kleine Blubbern der **Breg**, mit 46 km der längste und wasserreichste Quellfluss der Donau und ihr Ursprung. Wer an dieser Quelle steht, kann sich nur schwer vorstellen, dass der Fluss 2900 km weiter im Schwarzen Meer mündet, vom Schwarz-Wald zum Schwarz-Meer. Die Breg entspringt auf über 1000 m Höhe, in der Nähe von Furtwangen bei der Martinskapelle. Gemächlich und unspektakulär schlängelt sie sich entlang der Schwarzwälder Täler und Wälder, um nach Donaueschingen zu gelangen. Dort im Schlosspark entspringt der Donaubach, im eingefassten Quelltopf steigen kleine Wasserbläschen empor wie kleine Perlen, ein faszinierendes Schauspiel, bewacht durch die Skulptur »Mutter Baar«. Schnell werfen wir noch eine Münze über die Schulter in den Quelltopf, das bringt Glück. Wenige Meter weiter mündet der junge Donaubach nach einem unterirdischen Lauf in die Brigach, vereint sich dann mit der Breg, verlässt den Schwarzwald und macht sich auf seine große Reise in den Osten. Der zweitlängste Wasserlauf des Kontinents verbindet Deutschland, Österreich, die Slowakei, Ungarn, Kroatien, Serbien, Bulgarien, Moldawien und die Ukraine, um dann in Rumänien in das Schwarze Meer zu münden. Ist es nicht ein schöner Gedanke, dass das, was als kleines Blubbern bei der Bregquelle im tiefen Schwarzwald beginnt, der Anfang eines europäischen Lebensflusses ist und Millionen von Menschen zusammenführt? Europäischer als die Breg kann kein Fluss sein.

Der Sonne entgegen

Atemberaubende Fernblicke aus luftiger Höhe – diese wunderbaren Momente bieten viele Seilbahnen. Vor allem Schwebebahnen in den Alpen präsentieren ihre spektakuläre Bergkulisse mit verzuckerten Bergspitzen wie auf einem Silbertablett.

Hier im Schwarzwald haben wir auch unser eigenes luftiges Konstrukt, nicht so hoch und nicht so lang, doch dafür umso charmanter. Mit ihren 90 Jahren ist unsere **Schauinslandbahn** ein richtiger Seilbahn-Oldie und Deutschlands erste und längste Seilbahn mit umlaufenden Kabinen. Insgesamt sind es 3,6 Kilometer Streckenlänge und 746 Meter Höhenunterschiede von der Talstation zur Bergstation, die es zu überwinden gilt. Nach nur 14 Monaten Bauzeit wurde die Schauinslandbahn im Juli 1930 eröffnet, in einer Zeit, in der immer mehr Ausflügler in den Schwarzwald kamen. Damals war die Luftbahn so innovativ, dass man nicht wissen konnte, ob sie ein Erfolg werden würde. Zwei Jahre gab man sich, dann könne man sie eventuell wieder abbauen. Von Anfang an aber erfreute sich die Bahn großer Beliebtheit, im Sommer zur »Sommerfrische« auf den Berg und im Winter in die Freuden des Schnees, auf einmal war das alles möglich. In den damaligen Großraumkabinen konnten bis zu 22 Personen in schneller Geschwindigkeit auf den Freiburger Hausberg sausen. Ein uniformierter Wagenbegleiter mit polierten Schuhen, hübsch gestutztem Schnurrbart und Pomade in den Haaren fuhr zu damaligen Zeiten in jeder Kabine mit. Wie charmant!

Seitdem wurde die Schwebebahn in den Achtzigerjahren technisch modernisiert, doch hat sie von ihrem einstigen Charme nichts verloren, bis auf die uniformierten Schaffner. Geblieben sind vor allem die Stationsgebäude mit ihren Holztheken und ihrem unverwechselbaren Retrochic. Mit ihrem Vintage-Look ist die Schauinslandbahn mehr als eine Seilbahn, sie stillt die Sehnsucht in uns nach einer heilen und ruhigen Bergwelt. Auf der Fahrt in luftiger Höhe kann man mit ein bisschen Glück von der Vogelperspektive aus Gämsen und ihre waghalsigen Sprünge auf dem schwer zugänglichen Gelände beobachten. Oben angekommen, erwartet uns ein atemberaubendes Panorama. An manchen Tagen sind die Alpen zum Greifen nah, und das Gefühl einer grenzenlosen Freiheit breitet sich aus. Doch nicht nur Weitblick-Genießer kommen auf ihre Kosten, auch für Hungrige ist bestens gesorgt. Das Restaurant in der Bergstation bietet vom Sektfrühstück bis zum Vesper viele Leckereien. In der erwanderbaren Umgebung verwöhnen noch andere Einkehrmöglichkeiten die hungrigen Wanderer. Hier oben im Schauinsland werden alle Sinne satt. Und das Schöne daran? Nach einem Tag Bergluft kommt man ganz gemütlich den Berg wieder hinuntergeschwebt, direkt ins Städtle.

Pirouetten mit dem Bähnle

Bei so einem Namen kann die Zugfahrt nur charmant sein: **Sauschwänzlebahn**! In Blumberg-Zollhaus erwarten uns am Bahngleis eine historische Dampflokomotive und ihre nostalgischen Waggons, ein adrett gekleideter Schaffner in schöner Uniform mit Pfeife und Kelle lädt die Touristen zum Einsteigen ein. Die Strecke führt 25 Kilometer von Blumberg-Zollhaus nach Weizen und wieder zurück. Dabei hat die Dampflokomotive einiges zu leisten: Auf ihrer Strecke zieht sie nicht nur die Waggons mitsamt vielen Touristen, sondern bewältigt auf der

kurzen Fahrt 231 Meter Höhenunterschied mithilfe vieler Brücken und Tunnel. Jeder steile Anstieg ist dabei ein beeindruckendes, dampfendes und pfeifendes Hörerlebnis. Ihren charmanten Namen hat die Bahn nicht ihres Aussehens wegen, sondern von ihrem berühmten Tunnel »Große Stockhalde«, der eine Pirouette dreht, dabei ganze 15,5 Höhenmeter auf 1700 Metern überwindet und einem geringeltem Schweineschwänzle ähnelt. Er ist der einzige Kreiskehrtunnel dieser Bauart in Deutschland und zugleich der zweitgrößte in Europa. Insgesamt sind es dann sechs Tunnel, die es zu passieren gilt, und vier Viadukte, die den einmaligen Charakter der Sauschwänzlebahn unterstreichen. Die wunderschöne Landschaft mit den weiten Tälern, sanften Hügeln und den Flühen der Wutach zieht an uns vorbei, langsam, wir fahren ja nicht mit dem ICE.

Wie charmant die Zugfahrt letztendlich war, konnte ich mit einer schottischen Reisegruppe erleben. Meine einzige Sorge galt dem bloßen Überleben der in meinen Arm eingehakten *Lady*, nichts weniger als das. Lebendig sollte sie abends in ihrem Hotelbett schlummern, so mein dringendster Wunsch. Ein kleines Stoßgebet an den Heiligen der Eisenbahn war nötig. Welcher war es noch mal? Sehr betagt, knapp unter 90 Jahre alt, war meine Gefährtin nur wenig größer als der zottelige Nachbarshund, dafür mindestens doppelt so breit. Ihr Gehstock diente nicht nur als Stütze, sondern unterstrich ihre Bemerkungen mit ausschweifenden und für die Umstehenden zum Teil lebensgefährlichen Bewegungen. Dabei bestand ihr ganzes Vokabular seit Reisebeginn aus genau zwei Wörtern: *So chaaarming!* Am Morgen hatten wir gemeinsam bereits die Triberger Wasserfälle, *so chaaarming,* überlebt. Nun stand sie neben mir, mit hochrotem Kopf und, was die Laute der historischen Dampflokomotive betrifft, konkurrenzfähigem Schnaufen, und blickte entzückt auf die Sauschwänzlebahn, die am Bahngleis auf unseren Einstieg wartete. »So chaaarming!«, schrie sie mir von ihren ein Meter vierzig laut herauf ins Ohr.

Nun galt es, die alte Dame hoch in den Waggon zu hieven. Der adrette Schaffner in seiner Uniform mit blank polierten Knöpfen, *so chaaarming*, zog von oben, ich drückte von hinten, dabei schlug ihr wild gewordener Gehstock abwechselnd den Schaffner und mich. Endlich oben! Im Waggon saß sie auf einer hölzernen Bank, ebenfalls *so chaaarming*, dabei konnte sie gerade noch aus dem Fenster schauen und die vorbeiziehende Natur, *so chaaarming*, genießen. Unsere betagte Schottin kletterte wenig später wieder in den Bus und von dort in ihr Hotel, lebendig und wohlbehalten. Und recht hatte sie: Entzückender kann Bahnfahren nicht sein, *so chaaarming!*

Winterfreuden

Zarte Schneeflocken wirbeln vom Himmel und kleiden den Schwarzwald in sein schönstes Hochzeitsgewand. Das Grün und Braun des Herbstes werden begraben, leise und zärtlich umhüllt der Schnee die Landschaft. Alles ist erstarrt, alles ist ruhig. Unberührtes Weiß, bis wir auf leisen Sohlen die ersten Spuren ziehen. Der zauberhafte Winterwald ist ein Paradies für Schneeschuhwanderer, mit seinem dichten Netz an Wanderwegen und seinen im Winter speziell ausgeschilderten Schneeschuhtouren. Keine präparierte Abfahrtstrecke, keine gespurte Loipe; für das Schneeschuhlaufen benötigt es nur zwei Beine und die Schaufeln an den Füßen. Die haben den entscheidenden Vorteil, dass man auf seinen Erkundungen im tiefen Schnee des Schwarzwalds nicht einsinkt und die glitzernde Winterwelt ganz in Ruhe betrachten kann. Liebt man hingegen die Geschwindigkeit, so bringen viele Lifte und Seilbahnen die Skifahrer auf die verschneiten Gipfel des Schwarzwalds. Egal, ob auf einem Brett oder zwei Brettern, Skifahrer und Snowboarder können im Ländle auf abwechslungsreichen Pisten herunterbrettern, Nervenkitzel garantiert. Erkundet man die Winterwelt lieber auf Langlaufskiern, so eröffnet sich dem Sportler im ganzen Schwarzwald kilometerlanges Loipenglück. Am Notschrei kann man sich sogar im Biathlon probieren, so wie die ganz Großen, und Langlaufen mit Schießen verbinden. Schnell merkt man, dass das rasend pochende Herz nach dem Laufen aber so gar nicht zur Ruhe kommen möchte, damit man ungefähr in

Richtung der Zielscheibe schießt, ohne seine Mitläufer dabei zu gefährden. Spätestens jetzt versteht man, was für große Sportler unsere Biathleten sind.

Und dann gibt es bei uns im Ländle noch den Skisprung für ganz Unerschrockene. Bereits im Fernsehen kann ich da nicht zuschauen, wenn der Springer durch die Luft schwebt und sanft auf dem Schnee aufkommt. Viel zu hoch zum Zuschauen. Wie muss es dann erst von oben auf dem Sprungturm aussehen? Das ist natürlich kein Sport für Quereinsteiger oder rüstige Rentner, die sich ein neues Hobby suchen. Den Sprungsport fängt man in jungen Jahren an, oder besser, man wird in Hinterzarten oder Schonach geboren und kommt mit dem Skisprung-Gen auf die Welt, so wie Rolf Schilli. Der neunmalige deutsche Vizemeister hat als kleiner Bub seine ersten Sprünge nicht auf dem pudrigen Schnee geübt, sondern in der Wirtschaft der Eltern. Vom Stammtisch aus direkt in die Arme großer Skisprunglegenden, die zu Wettkämpfen angereist waren und sich zwischen den Sprüngen wärmten. Da war der Weg zum Sprungturm nicht mehr weit. Und wer sich bisher noch nicht wiedergefunden hat in all den Wintersportmöglichkeiten, der kann ganz einfach mit dem Schlitten den Berg hinabrodeln. Ein Vergnügen für Jung und Alt, denn wenn es um Schnee geht, dann sind wir alle noch mal Kinder.

Du Hinterwälder!

Unsere mondäne Verwandtschaft neckt uns mit dem Spitznamen »Hinterwälder«. Der Beiname ist liebevoll gemeint, ganz sicher, ist er doch verbunden mit unserer ländlichen Lebensweise. Schaut man im Duden nach, steht als Synonym für *hinterwäldlerisch*: provinziell und altmodisch. Das gefällt mir. Mit provinziell verbinden wir das Leben im Grünen, in einer heilen Welt, abseits von Großstadtlärm und Abgasen. Und altmodisch ist auch wieder modern, *vintage* liegt voll im Trend. Liest man ein bisschen weiter, steht als Erklärung aber auch einfältig und zurückgeblieben. Das ist weniger gut und erfordert eine minutiöse Recherche.

Die Hinterwälder, ein typisches Zweinutzungsrind für Fleisch und Milch, ist eine alte Rinderrasse, ursprünglich aus dem Südschwarzwald. Ihr Stammgebiet sind die Hochweiden mit Hangneigungen von bis zu 30 %. Abstammen soll das Rind direkt von den Keltenrindern und hat schon so einige Jahrtausende auf den Rinderschultern. So abgeschieden die Menschen hier im Schwarzwald lebten, so abgeschieden war es auch für die Hinterwälder. Keine internationalen Kuhtreffen, keine Verkreuzungspartys, die Hinterwälder ist wenig von anderen Rassen beeinflusst worden. Meistens von gelbbrauner Farbe mit unregelmäßigen weißen Flecken, zieren hirschartig ausgezogene Hörner ihren weißen Kopf. Mit einer zierlichen Widerristhöhe von maximal 125 cm und einem Fliegengewicht von bis zu 480 kg zählt sie zu den kleinsten mitteleuropäischen Rinderrassen. Ihre

Statur und die festen Klauen ermöglichen es ihr, sich grazil auf den schwierigen Hanglagen des Schwarzwalds zurechtzufinden, und das, ohne Trittschäden anzurichten. Das ist für die Offenhaltung unserer einzigartigen Landschaft besonders wichtig. Dabei ist sie keine Gourmetkuh, sondern frisst munter fast alles, was man ihr pflanzlich so bietet. Durch den Wandel der Landwirtschaft und die Entwicklung zu ertragreicheren Milch- oder Mastrassen hat unsere liebenswerte Kuh einen dramatischen Rückgang erfahren. Heute gilt sie als Rarität.

Wir fassen zusammen: Unsere vierbeinige Schwarzwalddame hat einen wohlproportionierten Körper mit harmonischen Rundungen und einem Modelgewicht. Trittsicher wie ein Mannequin auf dem mondänen Laufsteg, läuft sie emsig ihre Runden in den unebenen Landschaften des Schwarzwalds. Nicht zimperlich und wählerisch bei ihrer Ernährung – wie so manch Zweibeiner heutzutage –, arbeitet sie hart und zuverlässig. Genügsam, fleißig und einfach liebenswürdig, das sind wunderbare Charakterzüge. Von wegen einfältig und zurückgeblieben! Und auf einmal freue ich mich über den Kosenamen meiner Großstadtfamilie und verstehe, dass *Du Hinterwälder* ein wunderbar gemeintes Kompliment ist.

Die Kleinen kommen zu Wort

Ging es euch auch so? Wenn ihr klein von Statur wart, wurdet ihr in der Schule nicht beachtet. Beim Aufstellen der Mannschaften im Schulsport wurden die ganz Kleinen immer als Letzte aufgerufen. Und wenn man klein und unsportlich war, wie in meinem Fall, war es besser, sich gleich auf der Toilette zu verstecken. Fällt sowieso nicht auf, man war ja zu klein für das Basketballnetz, das in unerreichbarer Höhe baumelte. Dabei können Kleine ganz Großes bewirken, das sieht man sehr gut am faszinierenden Leben der roten Waldameise. Klein, aber oho, diese Damen! Unermüdlich sind sie unterwegs in unseren Wäldern, dabei krabbeln, sammeln, jagen, schleppen, ziehen und bauen sie unentwegt. Ihr Hauptdomizil ist der große Ameisenhügel, meist unter dem schützenden Dach eines Baums, in dem sie gemeinschaftlich leben. Eine Großfamilie von bis zu 2 Millionen fleißigen Waldläuferinnen in nur einem Hügel. Bis zu zwei Meter hoch können diese Baukunstwerke werden, dabei dient oft ein abgestorbener Holzstamm als Ausgangsstruktur für die bessere Stabilität des Baus. Was wir sehen, ist der überirdische Teil des Hügels, die Ameisen haben einen meist ebenso großen Keller mit unzähligen Gängen und Kammern. Wuselig, chaotisch, so würde man auf den ersten Blick das Hin und Her im Ameisenbau beschreiben. Dabei führen diese kleinen Lebewesen einen perfekt strukturierten Staat mit genauer Arbeitseinteilung. Oben in der Hierarchie sitzt die Königin, die ihr Millionen-Frauenvolk monarchisch regiert, ungeflügelte Arbeiterinnen, die sich selbst nicht fortpflanzen. Die Aufgabe der Königin besteht darin, unentwegt Eier zu legen und für Nachkommen zu sorgen. Die Jungtiere arbeiten im Innendienst, bevor sie in die weite Welt hinausdürfen. Innen im Bau herrscht eine strenge Ordnung mit festgelegten Tätigkeiten. Da darf sich jedes Krabbeltier nicht gerade heraussuchen, was es den ganzen Tag so veranstalten möchte. Manche Arbeiterinnen füttern die Königin, andere wiederum kümmern sich um die Brutpflege oder sind zum Putzdienst eingeteilt. Die Außendienstmitarbeiterinnen sind erfahrene Ameisen, die als Jägerinnen, Sammlerinnen und Trägerinnen tätig sind. Am liebsten verspeisen unsere fleißigen Krabbeltiere die zuckerhaltige Ausscheidung der Blattläuse und anderer pflanzensaugender Insekten, den Honigtau, den auch die Bienen für ihren Waldhonig sammeln. Neben dem Verspeisen von Insekten und anderen Schädlingen tragen sie zur Auflockerung des Waldbodens und der Humusbildung bei. Milbenge-

plagte Vögel baden gern in einem Ameisenhaufen, denn die Säure der Ameisen, die zur Abwehr der Feinde verspritzt wird, tötet Milben ab. Gleichzeitig werden unsere fleißigen Helferinnen ihrerseits auch gerne verspeist und sind eine wichtige Nahrungsquelle für viele Vogelarten wie den Buntspecht. Ja, und die Männer? Bisher war nur von den weiblichen Ameisen die Rede. Nach der Paarung werden die nicht mehr benötigten männlichen Ameisen verscheucht und sterben kurze Zeit später. Nach getaner Arbeit weg mit ihnen! Gut, dass der Staat bei uns Menschen anders funktioniert.

Diese faszinierenden Kleinstlebewesen haben es ganz schön in sich. Seit 130 Millionen Jahren krabbeln sie auf unserem Erdball, und trotz ihrer geringen Größe regulieren, säubern und hüten sie unseren Wald. Sie sind als geschützte Schädlingsbekämpfer ein Glied einer Kette, Teil eines komplexen Beziehungsgeflechts. Also Respekt vor den Kleinen!

Der schene
Auerhahn

Meine erste und bisher letzte Begegnung mit dem scheuen Waldvogel liegt viele Jahre zurück. Als Großstadtmensch war ich in der Finanzwelt aktiv und zählte eher Geldscheine und die vielen Nullen hinter der Zahl als die noch existierende Auerhahnbevölkerung. Ein später Schneefall im März ließen mich spontan entschließen, eine Schneeschuhwanderung im tiefen Schwarzwald zu unternehmen. Nach einigen Stunden einsamen Laufens wurde es im Wald plötzlich richtig laut. Wie eine beginnende Party mit knallenden Sektkorken. Zuordnen konnte ich die Geräusche nicht und dachte zunächst, die beginnende Müdigkeit lasse mich fabulieren und auf die freundliche Zusammenkunft feiernder Menschen hoffen. Angestrengt schaute ich in die Ferne, und da sah ich sie: Gleich ein ganzer Trupp schwarzes und braunes Federvieh. Mein erster Gedanke war: »Was machen diese großen Hühner mitten im Wald? Sind die Ausreißer ihrem Hühnerstall entflohen und veranstalten mitten im Wald eine Befreiungsparty?« Heute kann ich über meine komplette Ignoranz nur lachen. Trotz meiner Unwissenheit merkte ich jedoch, dass ich die Beobachterin eines einzigartigen Naturschauspiels war. Zwei schwarze Hähne tänzelten mit ihren Fächerfedern umher und gerieten mit ihren Schnäbeln immer wieder aneinander. Eindeutig, mit ihrem Tänzeln wollten die Waldvögel die braunen Hennen beeindrucken. Und wenn sie schon mich so in ihren Bann zogen, was mussten erst die Hennen über ihr liebestolles Gehabe denken? Gefiedert und ungefiedert, wir Zuschauerinnen waren von der Perfektion der Aufführung fasziniert. Wie bei einer Oper zweier sich im Liebesrausch befindender Rivalen schien sich das Naturschauspiel mit einer gewissen Dramatik in Richtung letzten Akt hin zu bewegen. Plötzlich fühlte ich mich deplatziert und ein bisschen voyeuristisch. Mal ehrlich, wer von uns würde gerne beim Werben um seine Angebetete beobachtet und gestört werden?

In Deutschland steht der seltene Vogel auf der Roten Liste der gefährdeten Tiere. Nach einem dramatischen Schwund wird die Population im Schwarzwald auf nur noch insgesamt 400 Hähne und Hennen geschätzt. Sein größter Feind sind nicht die Vierbeiner, sondern der Mensch, der seinen Lebensraum durch Besiedlung, Landwirtschaft, Industrie und Tourismus extrem eingeschränkt hat. Der große Hühnervogel benötigt zum Leben große, unberührte Flächen, auf denen Heidelbeeren gedeihen, seine Lieblingsmahlzeit. Im Winter stellt er seine Nahrung auf Kiefernadeln um, die im Magen mittels kleiner Steinchen zermahlen werden. So kommt unser großer Waldvogel über die lange, kalte Jahreszeit und beginnt im März, oft noch geschwächt vom Winter, seine Balz. Gerade der Nationalpark Schwarzwald ist ein Natureldorado für den scheuen Vogel, und so soll es auch bleiben.

Die Mär vom bösen Wolf und gefährlichen Bären

Es ist die herzzerreißende Geschichte eines Zirkusbären, der, für Kunststücke zu alt, ausgemustert wurde und lange in einer Lastwagengarage lebte, auf dem nackten Beton, oder das traurige Schicksal einer Wölfin, deren wilde Schönheit ihr zum Verhängnis wurde. Als Haustier missbraucht, kannte sie anstelle der freien Wildnis die Kommandos »Sitz!« und »Platz!«. Es ist auch die Geschichte einer Luchsdame, die auf nur 110 m² Steinboden lebte, so apathisch, dass an dem Käfig vorbeifliegende Vögel, die sich auf ihre Pfoten setzten, nicht einmal den kleinsten Reflex in ihr auslösten. Diese traurige Aufzählung ist bei Weitem nicht fertig, und diejenigen, die nun denken, dass nicht artgerechte Haltung ein ausländisches Phänomen ist, irren gewaltig. Auch vor unserer Haustür müssen Tiere ein leidvolles Leben führen. Und genau solchen geschundenen Bären, Wölfen und neuerdings auch Luchsen bietet der **Alternative Wolf- und Bärenpark** eine würdevolle Herberge. Nicht nur die großen und naturnahen Gehege, sondern auch die Gemeinschaftshaltung innerhalb der Freianlagen machen das Tierschutzprojekt einzigartig. Luchs und Bär oder Wolf und Bär teilen sich ein großes Gehege, konkurrieren um die Nahrungssuche und schärfen somit wieder ihre Sinne.

Der Spagat zwischen dem großen Tierpark als Ruheort für geschundene Wildtiere und den vielen Besuchern und ihren Eintrittsgeldern, die den Großteil des Parkunterhalts finanzieren, ist nicht immer einfach zu meistern.

Neben den Eintrittsgeldern helfen auch Spenden und Patenschaften, die Ausgaben zu bewältigen. Manchmal bekommen die Mitarbeiter zu hören, der Eintritt sei zu hoch für ein bisschen »Tiergucken« und im Zoo könne man die Tiere besser beobachten. Diese Menschen haben dann nicht verstanden, dass hier im Wolftal die Tiere an erster Stelle stehen, nicht die Wünsche der Besucher, und dass man mit seinem moderaten Eintrittspreis aktiven Tierschutz leistet. Gleichzeitig sind es vielleicht gerade diese Menschen, die bereit sind, für einen Tierzirkus mindestens den dreifachen Betrag auszugeben. Auswildern kann man diese Tiere leider nicht mehr: Dem harten Leben in der Wildnis nicht mehr angepasst, haben sie auch ihre Berührungsängste gegenüber den Menschen verloren, wodurch sie uns, doch noch eher sich selbst gefährden könnten.

Die Wildtiere im Alternativen Wolf- und Bärenpark sind Botschafter und appellieren an uns, uns aktiv für den Tierschutz einzusetzen. Poldi, der einstige Zirkusbär, oder Gaia, die als Haushund missbrauchte Wölfin, oder Catrina, die Luchsdame, die viele Jahre nur den Steinboden ihres Käfigs kannte, sollen uns nicht vergessen lassen, dass wir Menschen nur ein Teil des Ganzen sind. Die Größe und den moralischen Fortschritt einer Nation kann man daran messen, wie sie ihre Tiere behandelt, sagte der Pazifist Mahatma Gandhi.

Mehr Informationen zum Alternativen Wolf- und Bärenpark Schwarzwald unter www.baer.de

Pflück dich glücklich

Es ist endlich wieder Juli, der Sommermonat, der den Wald im Schwarzwald harzig duften lässt. Dort regiert diese sommerliche Starre, nur die Insekten summen um die Wette und sind ganz schön laut. Die perfekte Zeit, mittags Heidelbeeren sammeln zu gehen oder *Heibere*, wie der Schwarzwälder die Frucht liebevoll nennt.

Weiße Socken über eine lange Hose gezogen wegen der Zecken, langärmliges altes T-Shirt wegen der möglichen Flecken und ein Tuch auf dem Kopf wegen der Sonne: zugegeben, ich war schon mal hübscher. Mit einer alten Milchkanne bewaffnet mache ich mich auf den Weg, Schritt für Schritt auf der Suche nach den süßesten Früchten. Die Heidelbeere fühlt sich wohl in unseren Nadelwäldern, saure und feuchte Böden sind ihr Milieu. Endlich stehe ich vor einer großen Fläche dieses Heidekrautgewächses. Das Pflücken ist reinste Fleißarbeit, und meine Kanne füllt sich nur langsam. Meine Gedanken schweifen, kommen und gehen wie die Wolken, die am Himmel vorbeiziehen. Hier fühle ich mich fern vom Alltagsleben und seiner Hektik. In der Regel trifft man niemanden mehr an beim aufwendigen Pflücken der süßen Frucht. Das war nicht immer so. Scharen von Kindern sind früher im Juli in die Wälder gezogen und haben ganze Milchkannen voller Heidelbeeren geerntet. Die aromatischen Früchte wurden zu Marmeladen oder Spirituosen weiterverarbeitet oder für ein paar Pfennige verkauft. Ich schaue in meine Kanne und freue mich, dass sie schon zur Hälfte gefüllt ist. Zeit, auf Pirsch zu gehen und den Pflückplatz zu wechseln. Wenige Schritte weiter lasse ich mich erneut nieder. Meine Gedanken wenden sich jetzt mehr irdischen Genüssen zu. Soll ich nur eine Marmelade kochen oder auch noch einen Kuchen backen? Ich kann ihn schon riechen, den Heidelbeerkuchen, der frisch aus dem Ofen kommt. Echter Schwarzwaldduft, da kommt kein Pariser Parfüm mit. Langsam bekomme ich Hunger – oder ist es Appetit? Sie ist gesund, unsere kleine Superfrucht aus dem Schwarzwald, voller gesunder Nährstoffe. Also pflücke ich mich nicht nur glücklich, sondern auch gesund. Ich schaue in meine volle Kanne. Wunderbar, Zeit, nach Hause zu gehen. Der Rücken tut ein bisschen weh, dafür habe ich aber schön blauviolett gefärbte Hände, wie früher in Kindertagen.

Achtung: In vielen Schutzgebieten ist das Pflücken der Heidelbeeren nur dem Auerhahn erlaubt. Bitte vorab informieren.

Herbstzeit ist Pilzzeit

Herbstzeit ist Pilzzeit. Nach einem warmen Sommer und anhaltendem Regen verrät uns der modrige, erdige Geruch im Wald, dass es wieder so weit ist. Doch spätestens, wenn wir auf langsam wandelnde Menschen im Wald treffen, in gebückter Haltung, schwer bewaffnet mit scharfen Messern und großen Körben, wissen wir, es ist Pilzzeit. Diese besondere Spezies Mensch verrät sich auch mit einer ruckartigen Umdrehung um 180 Grad und einem demonstrativen Blick in die Ferne, sobald sie Wanderer erblickt, nur um ihr Plätzchen nicht zu verraten. Fragt man sie direkt, was sie da so macht, erhält man als evasive Antwort: »Ach, ich schau bloß a bissle, es isch so schön hier.« Diese spezielle Menschenart scheint ihre Pilze also erst in der Küche zu finden, sie springen ihnen von irgendwoher direkt in die heiße Pfanne, schon fein geschnitten. Den Ort des Fundes verrät sie nicht. Der Schwarzwald ist ein streng gehütetes Pilzparadies.

Hier in unserem Mittelgebirge gibt es viele leckere Speisepilze, der Pfifferling ist so ein Beispiel. Der eigelbe Pilz mit welligem Hut mag es gesellig und taucht meist in kleinen Grüppchen auf. Seine Lieblingspartner sind die Fichte und die Rotbuche, auch Tannen mag er gern. Kein Wunder, dass es ihm hier im Schwarzwald so gut gefällt. In der Pfanne gebraten, mit Eiern und viel Kräutern, ist er ein Genuss. Ein wertvoller Pilz, trotz der Redewendung »Du bist mir keinen Pfifferling wert«.

Befasst man sich mit der Welt der Mykorrhizapilze, so kommt man aus dem Staunen nicht mehr heraus. Der kleine Kerl ist nur der sichtbare Fruchtkörper eines unterirdischen Riesen mit langen Pilzfäden, die sich über mehrere Hundert Quadratmeter erstrecken können. Über diese Fäden geht unser Pilz ein Bündnis mit einem Wirtsbaum ein. Da er seine Nahrung nicht selber herstellen kann – ihm fehlt die Möglichkeit zur Fotosynthese –, bietet er seinem Pflanzenpartner ein Tauschgeschäft an: »Du gibst mir Zucker, dafür verrate ich dir, wo die Nährstoffe sind, und leite deine Botschaften an deine Artgenossen weiter.« Ganz schön schlau, diese Zusammenarbeit, in der beide Partner seit Millionen von Jahren von diesem Bündnis profitieren. Über die Pilzfäden sind dann unzählige Bäume miteinander verbunden und können so Informationen austauschen, zum Beispiel bei Dürre oder Schädlingsbefall. Und da sage mal einer, wir hätten die drei berühmten www erfunden. Pilze können über unser Internet nur lachen, schließlich kommunizieren sie erfolgreich im wood wide web, und das seit Millionen von Jahren störungsfrei. Die unterirdische Welt der Pilz- und Baumgemeinschaft ist faszinierend und noch voller Geheimnisse, die es zu erforschen gilt. Wenn wir die kleinen Kerle das nächste Mal mit nach Hause nehmen, können wir uns daran erfreuen, mit ihnen ein kleines Stück Wald und einen Teil einer großen Gemeinschaft, eines sozialen Netzwerks, mitgenommen zu haben. Guten Appetit!

Die weis(s)e Tanne

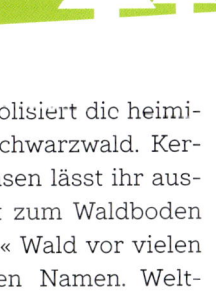

Wie kein anderer Baum symbolisiert die heimische Weißtanne unseren Schwarzwald. Kerzengerade und hochgewachsen lässt ihr ausladendes Nadeldach nur wenig Licht zum Waldboden hindurch. Und so kam der »schwarze« Wald vor vielen Jahrhunderten zu seinem berühmten Namen. Weltweit bekannt ist unser dunkler Wald, von Amerika bis China. Nicht immer kann man ihn uns geografisch zuordnen, manchmal wird er großzügig in einem Dreieck zwischen Süddeutschland, Österreich und der Schweiz platziert, immerhin. Doch mit dem Schwarzwald verbinden alle einen dichten, dunklen Nadelwald, die Heimat vieler Märchen und Sagen.

Unsere Weißtanne und grüne Botschafterin hat in ihrer Geschichte schon bewegte Zeiten der Ausbeutung hinter sich, bedeckt aber heute noch große Flächen unseres Mittelgebirges. Dem war nicht immer so. Drehen wir das Rad der Menschheitsgeschichte nur minimal zurück, so sah es in unserem Mittelgebirge mal ganz anders aus. Bis vor ungefähr 13 000 Jahren waren große Flächen Europas vergletschert. Eiszeitsteppen bedeckten das Gebiet, und große Herdentiere bevölkerten unsere Region. Nicht nur Rentiere und Antilopen, sondern auch stämmige Moschusochsen galoppierten hier im Schwarzwald. Nach der letzten Eiszeit und der Erwärmung des Klimas veränderten sich auch unsere Fauna und Flora. Die großen Herdentiere wanderten nach Norden ab, und nach und nach bedeckten Mischwälder Mitteleuropa.

Zunächst wuchsen nur niederwüchsige Weiden, dann Birken und Kiefern. Vor ungefähr 10 000 Jahren breitete sich die Hasel mit ihrer proteinreichen Nuss massiv aus, und mit der weiteren Erwärmung entstanden dann Mischwälder mit Eichen, Linden und Ahorn. Durch eine natürliche Abfolge breiteten sich dann Weißtannen und Buchen aus, bis dahin alles ohne menschliches Zutun, auf Absterbeprozesse folgte natürliche Wiederbepflanzung. Und dann kam der Mensch ins Spiel.

Vegetationsgeschichtliche Ausgrabungen in den Karseen des Nordschwarzwalds haben ergeben, dass vor ungefähr 6000 Jahren, also im Neolithikum, eine Störung des natürlichen Gleichgewichts stattgefunden hat, die auf eine Besiedelung des Schwarzwalds und eine Beweidung der Hochlagen bereits zu dieser Zeit hindeuten. Der überproportionale Anteil von Ackerunkräutern wie Spitzwegerich, Beifuß und Sauerampfer, die in einem dichten Wald ohne menschliches Zutun nicht wachsen würden, und das Vorfinden von Holzkohlepartikeln deuten darauf hin. Die Forschungen zeigen, dass man in der Region rund um die Ausgrabungen vor ungefähr 4000 Jahren von einer Entwaldung von etwa 15 % der Fläche sprechen kann. Vor allem bei der Tanne kann man einen deutlichen Rückgang vermerken im Zusammenhang mit dem Einsetzen der bäuerlichen Kultur, denn im Vergleich zum Laubholz hat sie den Nachteil, dass sie sich nicht aus dem Stock heraus verjüngt. Vermutlich lockten Buntmetallvorkommen Menschen, sich im Schwarzwald niederzulassen, Spuren von vereinzelten Bergwerken im Nordschwarzwald deuten darauf hin. Die menschliche Einflussnahme im Schwarzwald nahm stetig zu und erreichte vor tausend Jahren ihren Höchststand mit einer Entwaldung des Nordschwarzwalds von zum Teil über 50 Prozent. Die holzverzehrenden Gewerbe der Flößerei, der Köhlerei und der Glasbläserei trugen in den Jahrhunderten danach nicht zu der Erholung unseres Waldes bei. Erst in den letzten zwei Jahrhunderten erfolgte eine massive Aufforstung mit der Fichte. Die Arbeiten von Professor Dr. Manfred Rösch vom Landesamt für Denkmalpflege in Stuttgart lesen sich wie ein Krimi samt Spurensuche, so spannend ist es zu erfahren, welche bewegte Vegetationsgeschichte unser Landstrich hatte. Wir spüren, dass der Wald, der dunkle und mystische Wald, für die Menschen schon immer eine große Bedeutung hatte, nicht nur sein wirtschaftlicher Nutzen, sondern der Baum als Heil- und Kraftbaum, als Lebensbaum und Verbindung zwischen Himmel und Erde.

Bunte Bauerngärten

Das charmante Chaos im Bauerngarten wirkt auf den ersten Blick wie ein zufällig angepflanzter Wirrwarr von Gemüsesorten, Blumen und Kräutern, ohne Sinn für rechte Ordnung. Bunter Mangold, echter Sonnenhut, schlanke Karotten, kriechende Kapuzinerkresse und blau blühender Salbei wachsen kunterbunt um die Wette und breiten sich frech aus, so als wollten sie ihre Pflanzennachbarn verdrängen. Das wilde Pflanzen-Potpourri ist fein säuberlich eingefasst, meist umgeben von einem Naturzaun oder einer Hecke, als dürften die Pflanzen ihr wildes Reich nicht verlassen. Schaut man genauer hin, so kann man tief eintauchen in die bäuerliche Pflanzenwelt, eine Welt unschätzbaren Wissens, überliefert seit Generationen.

Der Bauerngarten ist ein Nutzgarten und bildet die Nahrungsgrundlage für die Hofbewohner. Neben Gemüsesorten wie Möhren, Kohl und Mangold gedeihen auch Kräuter als Würzmittel und Heilmittel und eine bunte Blumenvielfalt. Vor gar nicht so langer Zeit war der Weg zum nächsten Arzt mühsam und kostspielig. Salbei und Thymian halfen bei Erkältungskrankheiten, Mädesüß wurde bei Kopfschmerzen eingesetzt und Beinwell bei Knochenverletzungen. Doch da seit jeher ein besonderer Zauber die geheimnisvolle Welt der Kräuter und Blumen begleitet, dienten die kleinen Helfer früher auch als Schutz gegen böse Geister, verhexte Milch und die Gefahr eines nahenden Gewitters. Auch als Liebeszauber waren sie treue Helfer, mit nur den richtigen Pflanzen und Ritualen. So war der Bauerngarten in seinem Ganzen Supermarkt, Apotheke und Lotterieannahmestelle in einem. Der traditionelle Bauerngarten ist viel mehr als eine prächtige Augenweide, er ist voller Symbolkraft und jahrhundertealter Weisheiten. Um die ganze Schönheit und Komplexität dieser Naturdenkmäler zu verstehen, ist die **Bauerngartenroute** ein guter Ausgangspunkt. Leidenschaftliche Gärtnerinnen und Landfrauen geben passionierte Einblicke in ihre Gartenkünste, so wie Rita Vitt aus Prinzbach. Die erfahrene Gärtnerin bietet auch tiefe Einblicke in die flüssige Kräuterwelt, denn sie ist auch eine begeisterte Schnapsbrennerin.

Wiesenglück im Schwarzwald

Ein Gang in die Natur, und schon sind wir umgeben von saftigen und wohlriechenden Magerwiesen, auf denen eine bunte Pracht von heimischen Wildpflanzen gedeiht. Entgegen ihrem Namen ist die Magerwiese sehr reich an vielfältigen Wildpflanzen. »Mager« bezieht sich auf die Nährstoffarmut. Je nährstoffreicher und gedüngter eine Wiese ist, desto schneller wachsen die Gräser. Langsam blühende Pflanzen haben dann keine Zeit, zum Blühen zu kommen. In der Regel wird eine Magerwiese auch nur zwei Mal im Jahr gemäht. Neben Schafgarbe, Spitzwegerich und Pimpinelle gedeihen auch Margerite, Labkraut, Wilde Möhre und viele andere Wildpflanzen, ganz natürlich, ohne menschliches Zutun. Hier im Schwarzwald leben wir im Wildpflanzenparadies. Es ist ein ganz großes Glück, dass wir bei uns durch Wiesen und Wälder streifen, die Natur beobachten, die Jahreszeiten spüren, die veränderten Düfte und Farben in uns aufnehmen und aromatische Pflanzen pflücken können. Und jedes Pflänzchen, das da so wächst, erzählt uns eine jahrhundertealte Geschichte, eine Geschichte unserer Heimat, und spannt so einen Bogen zwischen gestern und heute.

Es ist nicht sicher, welche der vielen Pflanzen es letztendlich dem jungen Mann angetan hatte, doch bei einer Kräuterführung vor einigen Jahren fing dieser Teilnehmer an, sein Hemd aufzuknöpfen. Leicht irritiert, ließ ich mich dennoch nicht von meinen passionierten Ausführungen ablenken und redete munter weiter, als der junge Mann anfing, einen Hosenknopf zu öffnen. Da stoppte ich ihn hörbar und fragte erschrocken, was er denn vorhabe. »Ich will sie spüren, diese tollen Pflanzen!« Großes Gelächter in der Gruppe. Wir vereinbarten, dass er nach der Führung sein romantisches Stelldichein haben sollte, ganz alleine mit der Magerwiese. Ganz so intensiv wie der junge Mann muss man die vielen Wildpflanzen, die hier in Hülle und Fülle wachsen, nicht aufnehmen. Doch ist es ein großes Glück im Schwarzwald, von der bunten Wiesenpracht umgeben zu sein. Das Glück wächst auf der Wiese!

Schwarzwaldidylle

Malerisch steht es da mit seinem tief herunter-
gezogenen Dach, harmonisch in die Landschaft eingebettet. Saftige Wiesen umgeben das abgelegene Schwarzwaldhaus, ein Bach fließt
idyllisch entlang, im Hintergrund steht der Wald mit
mächtigen Tannen. Ein Speicher, ein Brenn- und Back-
häuschen und eine Mühle reihen sich um den Hof und
vervollständigen die Idylle. Der Brunnen mit dem
Milchhäuschen und der bunte Bauerngarten vervoll-
kommnen das Bild der Schwarzwaldromantik. Das
große Dach des Schwarzwaldhofs bedeckt Wohn- und
Wirtschaftsteil wie ein schützender Mantel, der seine
Bewohner umschmiegt und sie vor Regen und Schnee
schützt.

Herzstück des Bauernhofs ist die gute Stube mit dem
wärmenden Kachelofen. Vor allem im Winter fand das
Familienleben in der Stube statt. Mahlzeiten wurden
dort eingenommen, und nach getaner Arbeit wurde erzählt und gesungen. In der Stube gab es eine vorgege-
bene Rangordnung. Direkt am Eckbalken der alemanni-
schen Fensterbank, dort, wo es am hellsten war, befand
sich der Herrgottswinkel, Platz des Bauern, neben ihm
seine Gattin. Und dann, wie die Orgelpfeifen, auf der
einen Seite der Eckbank die Knechte und Söhne, gegenüber auf der simplen Holzbank ohne Lehne die Mägde
und Töchter. Neben der Stube lag die verrauchte Küche.
Um die Mägen einer großen Familie zu füllen und drei
warme Mahlzeiten zu bieten, wurde den ganzen Tag lang

der gemauerte Herd der rauchgeschwärzten Küche befeuert. Ohne Kamin zog der Rauch zunächst durch die Küche, räucherte den Speck und die Würste, die an der Decke hingen, bevor er sich dann seinen Weg durch das ganze Haus bahnte, bis er an einer Dachöffnung entweichen konnte. Neben dem Räuchern diente der Rauch mit seiner imprägnierenden Wirkung auch dem Schutz des Holzes und somit des gesamten Gebäudes. Erstaunlich ist, dass es in einem so großen Haus nur wenige Schlafräume gab. Genau neben oder über der geheizten Stube befand sich das Schlafzimmer des Bauern und der Bäu-

erin. Es gab noch einige ungeheizte Kammern, die sich die Kinder und das Gesinde teilten. Reichten die Zimmer nicht für alle Bewohner aus, schlief man direkt auf der Heubühne über dem Stall, dort, wo das Vieh mit seinen Ausdünstungen ein wenig Wärme spenden konnte. Einen Rückzugsort gab es nicht.

So idyllisch das Haus heute in der Landschaft steht und uns entzückt, so hart und entbehrungsreich war das Leben früher auf dem Hof, bestimmt durch den Rhythmus der anfallenden Arbeiten. Unvorstellbar sind heute die damaligen Arbeits- und Lebensbedingungen, das stillschweigende Hinnehmen der festen Strukturen, ohne die Möglichkeit, sie zu hinterfragen. Von der damaligen Zeit bleibt uns heute als Erbe nur das romantische Schwarzwaldhaus, das wir ohne die damaligen Härten bei einem Museumsbesuch genießen können. Das Schwarzwaldhaus heute erzählt uns eine Geschichte, die Geschichte unserer Vorfahren und ihres entbehrungsreichen Lebens.

Information: Sehr zu empfehlen ist der Besuch des 1789 erbauten Resenhofs in Bernau, der mit einer umfassenden Ausstellung zu den unterschiedlichen Holzhandwerken punktet, oder die Erkundung des 1593 erbauten **Schniederlihofs** in Hofsgrund, ein typisches Schauinslandhaus mit einem wunderschönen Kachelofen und einer seit Jahrhunderten unveränderten Rauchküche. Im kleinen Café kann man leckeren selbst gemachten Kuchen genießen und sich nebenbei über die spektakuläre Aussicht auf den Feldberg freuen.

Es gibt nicht nur Bollen im Leben

Groß und rund müssen sie sein, am besten rot und flauschig ... Die Rede ist vom Schwarzwälder Bollenhut, das Symbol des gesamten Schwarzwalds, ach was, von ganz Baden-Württemberg. Manchmal sogar von Bayern und Gesamtdeutschland. Der Bollenhut aus den drei kleinen benachbarten evangelischen Gemeinden Kirnbach, Gutach und Reichenbach ist weltweit bekannt wie keine andere Kopfbedeckung. Internationalen Ruhm gewann der Hut durch den Heimatfilm »Schwarzwaldmädel« und die hübsche Hauptdarstellerin Sonja Ziemann, die das liebenswerte *Schwarzwaldmaidle* in einer heilen Tannenwelt verkörperte und Millionen Zuschauer entzückte. Seitdem wurde die Kopfbedeckung gnadenlos für Werbezwecke genutzt und ziert viele Produkte, die mit den drei Ursprungsgemeinden nichts am (Bollen-)Hut haben.

Das Original besteht aus 14 Wollbollen unterschiedlicher Größe, nur 11 sieht man jedoch auf dem Strohhut, die anderen drei geben der Huttracht zusätzliches Volumen. Rote Wollbollen bedeuten, das *Schwarzwaldmaidle* ist noch zu haben, schwarz hingegen steht dafür, dass die Dame schon unter die Haube gekommen ist. Der eingegipste und somit formstabile Strohhut ist Teil einer kompletten Festtagstracht mit festgelegten Bestandteilen wie dem bestickten Halsmantel, Goller genannt, und den Socken aus Angorahaar und kann bis zu zwei Kilo auf die Waage bringen. Alle Achtung, wenn er zu traditionellen Veranstaltungen und Prozessionen stundenlang getragen wird. Kopfschmerzen garantiert.

Dabei gibt es nicht nur Bollen im Leben einer Schwarzwälderin. Die Trachtenlandschaft des Schwarzwalds ist herausragend und in ihrer Vielfalt einzigartig. Wie viele Trachten es nun sind, kann man unmöglich beziffern, denn für jede einzelne Trachtenlandschaft gibt es lokale Variationen mit ihren Besonderheiten. Die vielen Herrschaftshäuser, die unterschiedliche Religionszugehörigkeit und der zunehmende Reichtum der ländlichen Bevölkerung haben diesen unglaublichen Trachtenreichtum hervorgebracht. Reiche Verzierungen, bunte Perlen und aufwendige Stickereien zeigen dezent den Wohlstand der Trachtendame und versprechen eine gute Partie. Je nach Status der Frau unterscheiden sich vor allem die Kopfbedeckungen. Für verheiratete

Frauen gibt es Hüte oder Kappen, für ledige Mädchen oft Kränze und als besondere Festtagstracht die Brautkrone, hierzulande Schäppel genannt. Verheiratete Frauen tragen im Harmersbachtal die mit großen schwarzen Schleifen verzierte Henkelhaube, in der Rieder Gegend entlang des Rheins die Hörnerkappe mit großen Flügelschleifen. Ein mit Federn und Glasperlen geschmückter Kranz ziert die Köpfe der Mädchen in Mühlenbach, und Sankt Georgen ist berühmt für die prächtigen Schäppel der Festtagstracht, die mit ihren bunten Glasperlen und Spiegelchen bis zu drei Kilo auf die Waage bringen.

Auch in Loßburg und in Lehengericht schmückt ein prächtiger Kopfschmuck aus farbigen Glasperlen und glitzernden Spiegeln die Köpfe der jungen Damen. Eine Besonderheit ist der wellige Schühut aus dem Hotzenwald, der einst als Sonnenschutz auf den Feldern getragen wurde. Und so ist jede Tracht ein kostbarer Mosaikstein in der Schwarzwälder Trachtenlandschaft.

Tipp: Bewundern kann man die Trachtenvielfalt im Trachtenmuseum in Haslach im Kinzigtal.

Es klappert die Mühle am rauschenden Bach

Sprechen wir von Schwarzwälder Mühlen, so haben wir eine malerische Mühle vor Augen, idyllisch an einem Bachlauf gelegen in einer reizvollen Schwarzwaldlandschaft. Das in der Mühle gemahlene Korn wird zu gutem Holzofenbrot weiterverarbeitet, im angrenzenden Backhäusle gebacken, von einem Mädel so schön wie im viel besungenen Lied »Es klappert die Mühle« von Paul Schulz. Postkartenidylle. Klipp, klapp. Große Industriemühlen und ihr feines Industriemehl haben schon lange die alten Getreidemühlen im Schwarzwald ersetzt. Auch unser Öl holen wir uns in der Regel in den Supermärkten. Und unsere Lederjacke nicht beim Gerber, sondern in Einkaufsläden oder direkt im Internet. Das Bild von der hübschen Schwarzwaldmühle rückt ein bisschen in die Ferne.

Drehen wir das Mühlenrad in der Geschichte nur ein wenig zurück, so hat es bei uns im Ländle kräftig geklappert. Nicht verwunderlich in einer Region, in der es neben dem vielen Wald auch unzählige Wasserläufe gibt. Das Wasser als treibende Kraft für die Mühlen, eine Jahrtausende alte Energie, die gebraucht anstelle verbraucht wird. Neben den Getreidemühlen, die uns als Erstes einfallen, gibt es noch ganz andere Arten von Mühlen: Ölmühlen, Flachsmühlen, Lohmühlen für Gerbereien, Sägemühle, Walkmühle, Hammerschmiede – nur um einige der über 180 verschiedenen Mühlenarten zu nennen. Anzutreffen waren im Schwarzwald vor allem die Kornmühlen, Ölmühlen, Sägemühlen und Hammerschmieden. Viele dieser Mühlen sind heute verschwunden, von den einst 1400 sollen heute nur noch um die 300 klappern. Früher gehörte zu einem abgelegenen Einzelhof oft auch eine eigene Getreidemühle dazu, die die abgeschieden lebenden Hofbewohner mit Mehl versorgte. Dabei hat sich die uralte Technik der Wassermühlen jahrtausendelang nicht verändert. Je nachdem, mit welchem Gefälle das Wasser auf das Wasserrad trifft, spricht man von ober-, rück-, unter- oder tiefschlächtiger Mühle. Im Schwarzwald mit seinem Gefälle trifft das Wasser oft von oben, also oberschlächtig, durch eine Rinne auf das äußere Wasserrad, das sich durch die Wasserkraft dreht und im Inneren eine Vielzahl an faszinierenden Reaktionen auslöst. Mehrere ineinander verzahnte Räder werden angetrieben, um letztendlich den Mahlgang auszulösen. Es ist jedes Mal immer wieder großartig zu beobachten, wie so ein bisschen plätscherndes Wasser eine technische Abfolge von Bewegungen erzeugt, wie ein fein synchronisierter Tanz, und am Ende der tonnenschwere Läuferstein in Gang gesetzt wird, der dann bei einer Getreidemühle das Korn fein zerreibt, das im Beutelschlauch als feines Mehl in den Mehlkasten gesiebt wird. Separat hierzu wird die abgetrennte Kleie aus dem Kleiekotzer gespuckt, ein fratzenhaftes Gesicht, kunstvoll geschnitzt, als Schutzgeist der Mühle.

Unsere romantische Mühlenerkundung starten wir ganz im Norden des Schwarzwalds, in der **Mönchhof-Sägemühle in Waldachtal-Vesperweiler**, einer der wenigen im Original erhaltenen und noch voll funktionsfähigen Sägemühlen im Schwarzwald, erstmalig 1435 erwähnt. Nach der Mühlenbesichtigung vespern wir in der urigen Stube. Gestärkt fahren wir weiter zur unterschlächtigen **Mühle Glatz in Seelbach**, ein Museumsareal, das eine der umfangreichsten Mühlenanlagen Deutschlands be-

herbergt, mit einer voll funktionsfähigen Öl-, Getreide-
und Sägemühle und einem separaten Stampfwerk. Eine
in dieser Zusammensetzung einmalige Mühlenanlage,
historisch besonders wertvoll, bereichert durch eine
Schnapsbrennerei und ein Backhäusle. Und wenn wir
schon in Seelbach sind, dann besuchen wir noch gleich
die **Geroldsecker Waffenschmiede**, erstmalig 1280 erwähnt, die für blitzende Schwerter bei den Rittern der
Burg Hohengeroldseck sorgte. Mit unseren Walnüssen
im Gepäck fahren wir weiter nach Simonswald, einem
Mühlen-Hotspot mit einst 86 Mühlen, und schauen zu,

wie in der 300 Jahre alten **kulturhistorischen Ölmühle** unsere Kerne zu feinstem Öl zerrieben werden. Im Stil eines Heidenhauses erbaut, erfreut nicht nur die Ölmühle die Besucher, sondern auch der liebevoll eingerichtete Wohnteil mit einem hübschen Stüble mit schmuckem Kachelofen. Malerisch umrahmt von der wilden Gutach und dem Mühlenkanal runden eine Getreidemühle, ein Backhäusle und eine Trachtenausstellung das Angebot ab. Mit unserem leckeren Walnussöl im Gepäck fahren wir weiter nach **Stühlingen-Blumegg**, wo eine Rarität steht. Die drei Mühlräder der dortigen Mühle treiben nicht weniger als fünf Mahl- und Stampfwerke auf einmal an. Nicht nur Getreide wurde gemahlen, sondern auch Früchte, Samen und Knochen gestampft und Gipsgestein zerkleinert, ein technisches Wunderwerk. Nach all diesen faszinierenden Besichtigungen der gut erhaltenen Naturdenkmäler merken wir, dass Wasser als Kraftquelle berauschend stark und die Welt der Mühlentechnik vielschichtiger ist als zunächst angenommen. Uns klappert es ganz schön im Kopf. Und so gedenken wir wieder Paul Schulz' und seines viel gesungenen Liedes und wünschen, dass die vielen Mühlen vom Schwarzwälder Tal noch lange so herrlich, so schön klappern. Schöne Mädel haben wir hier sowieso. Klipp, klapp.

Die Narren sind los!

Überall im Schwarzwald herrscht in der 5. Jahreszeit Ausnahmezustand. Flächendeckend buntes Narrentreiben, die Stimmung ist ausgelassen fröhlich, und, für *Rigschmeckte* völlig unglaublich, die Ämter sind geschlossen! Wehe dem, der in der heiligen Fasnachtswoche seinen Reisepass beantragen oder seine Lohnsteuergruppe verändern möchte. Ausgeschlossen! Sogar das Rathaus, Symbol der städtischen Macht, wird in närrische Hände übergeben und die Stadt von Narren regiert. Sogar der Bürgermeister räumt seinen Sessel und hoppelt wenig später zur Kaffeetante mutiert mit Lippenstift, Netzstrumpfhose und hochhackigen Stöckelschuhen über das Kopfsteinpflaster der Altstadt. Meine französische Familie wollte mir die Amtsübergabe an die Narren schlichtweg nicht glauben, genießt der Herr Monsieur Bürgermeister in Frankreich mit seiner Schärpe in den Nationalfarben doch höchste Achtung und steht in der Skala der zu respektierenden Amtspersonen nur kurz hinter dem Sonnenkönig Ludwig XIV. Rote Lippen und vernetzte Beine macht der Herr Monsieur Bürgermeister in Frankreich nur ganz privat. Bei dem Versuch, einem Ausländer den närrischen Ausnahmezustand zu erklären, kann man nur scheitern, wird Deutschland doch als seriöses Land und seine Einwohner als akkurat und fleißig wahrgenommen. Auch ernst und humorlos sollen wir sein. All diese Stereotypen können wir in nur einer Fasnachtswoche widerlegen!

Was aus erster Sicht wie ein Riesenspaß wahrgenommen wird, ist in Wahrheit ein vielgestaltiges Brauchtum und eine einzigartige Tradition. Die schwäbisch-alemannische Fasnacht ist keine witzige und jährlich wechselnde Kostümierung oder Verkleidung, sondern eine todernste Angelegenheit mit festen Regeln und einer strengen Zunftordnung. Von Ort zu Ort unterscheiden sich die Masken, auch Larven genannt, das Kostüm, hierzulande Häs, die Lärminstrumente, aber auch die überlieferten Bräuche und Sprüche. Ursprünglich war die Fasnacht bäuerlich und soll auf das 14. Jahrhundert zurückgehen. Der lange Winter sollte mit viel Krach und mit furchterregenden Masken vertrieben und lautstark der Frühling eingeläutet werden. Hier im Schwarzwald haben wir viele Fasnachtshochburgen, Elzach mit seinen markanten *Schuttig*, Rottweil mit seinem berühmten Narrensprung und einer der ältesten Fasnetsfiguren, der *Federahannes*, Villingen mit seinen wunderschönen Hansele mit gestärkter Krause und großen Rollen. In Waldkirch, Gengenbach und Haslach wird mit zwei Holzbrettchen im Takt kräftig *gekleppert*, während es vielerorts Hexen gibt, die sich auf ihren krummen Besen stützen und zu den Lieblingen der Zuschauer gehören. Ein einmaliges Spektakel bietet Wolfach mit dem Nasenzug: Die Männerwelt macht sich auf, mit selbst gebastelter Nase und einem Kittel, der *lez*, verkehrt herum, getragen wird. Mischen sich nun Frauen in die Männerdomäne und werden sie enttarnt, dann landen sie in den Stadtbrunnen. In Löffingen, Bräunlingen und Wolfach hat sich der Brauch der Geldbeutelwäsche erhalten. Lautes Wehklagen von Männern begleitet das Ende der Fasnacht. Sie waschen gemeinsam ihre nach der freudenreichen Fasnacht leeren Geldbeutel und freuen sich bereits auf das nächste Fasnachtsjahr. *Es goht scho dagege!*

Zum Kuckuck
aber auch!

In einer Zeit, in der es uns immer pressiert und das Tempo regiert, sollten wir mal kurz innehalten und uns dem berühmtesten aller Vögel zuwenden, dem, der in einem Kasten sitzt und präzise die Stunde ruft. Die Kuckucksuhr und ihr gefiederter Bewohner sind sicherlich unsere charmantesten Schwarzwald-Botschafter. Mehrere Geschichten ranken sich um die erste Kuckucksuhr, und wie bei vielen Erfolgsgeschichten, bei denen der Ursprung nicht eindeutig belegbar ist, rufen gleich mehrere »Ich hab's erfunden!« aus dem Wald. Wer hat sie denn nun erschaffen, die putzige Kuckucksuhr? Zum Kuckuck aber auch! Da ist wirklich eine harte Nuss zu knacken!

Die einen behaupten, der Geburtsort der ersten Kuckucksuhr befinde sich in Schönwald, Franz Ketterer habe dort 1730 ein Zeiterfassungsgerät mit beweglem Kuckuck gefertigt. Andere wiederum erzählen die Geschichte von zwei Schwarzwälder Uhrenhändlern, die auf ihren Reisen von einem böhmischen Uhrenverkäufer eine Kuckucksuhr erworben und in den Schwarzwald gebracht hätten. Und wenn zwei sich streiten, freut sich bekanntlich der Dritte. Unser Zeitmessgerät soll sächsischen Ursprungs sein. Dort soll bereits um 1630 am Hofe des Kurfürsten August von Sachsen ein sächsischer Kuckuck gerufen haben und von dort in den Schwarzwald geflogen sein.

Egal, in welcher Geschichte der Kuckuck nun richtig tickt, seinen internationalen Siegesflug startete unser Singvogel vom Schwarzwald aus und flog über alle Kontinente hinweg, direkt in die Wohnhäuser vieler Menschen und von dort in ihre Herzen. Erfahren, wie er darin ist, seine Eier in fremde Nester zu legen, konkurrierte er weltweit ohne Komplexe mit den lokalen Uhrenprodukten und setzte sich in deren flauschige Nester. Und so ruft der Kuckuck an den Wänden von Shanghais Wolkenkratzern genauso zuverlässig wie von der Ranch im tiefen Texas. Nach seinem anstrengenden Weltflug hätte unser internationaler Botschafter erschöpft seine Rente beantragen und Staub ansammeln können. Aber nein, nach seiner langen Reise landete der putzige Vogel direkt wieder im Schwarzwald und ist flippiger denn je. Denn die Kuckucksuhr geht mit der Zeit und hat sich in zeitgenössischen Designs wiedererfunden, poppig, schrill und bunt.

Dabei hatte es die Kuckucksuhr in ihrem Vogelleben nicht immer einfach. Zunächst als einfache hölzerne Schwarzwalduhr ein Verkaufsschlager, galt unsere Kuckucksuhr bereits in der Mitte des 19. Jahrhunderts im Vergleich zu den modernen industriell gefertigten Serienprodukten als altmodisch. Erst die Gründung der Deutschen Uhrmacherschule im Jahr 1850 in Furtwangen und der Aufruf zu einem Kreativwettbewerb brachten den ersehnten Durchbruch. Mit seinem modernen Entwurf, der ein Bahnwärterhäuschen zum Vorbild nahm, katapultierte Friedrich Eisenlohr die Kuckucksuhr in neue Dimensionen. Die Bahnhäusleuhr mit rufendem Kuckuck war geboren und ein unmittelbarer Erfolg. Bereits in der zweiten Hälfte des 19. Jahrhunderts flog der Kuckuck weit über Europa hinaus und ist ein bis heute beliebtes Souvenir, als Erinnerung an das Schwarzwälder Urlaubsparadies.

Unsere Kuckucksuhr ist viel mehr als eine Uhr, sie ist untrennbar mit dem Schwarzwald verbunden, spiegelt die filigrane Handwerkskunst unserer Meister wider, ihre Präzision, ihre Beständigkeit und Pünktlichkeit. Gleichzeitig ruft unser Vogel frech und doch so sympathisch und verwischt dabei das Bild des seriösen und disziplinierten Schwarzwälders. Unsere Kuckucksuhr ist zugleich heimatverbunden und weltoffen, traditionell und zeitlos. Sie ist charmant und liebenswert und schlägt in unseren Herzen.

Tipp: Im deutschen Uhrenmuseum in Furtwangen geht man auf eine Reise in die Zeitgeschichte. Mehr Informationen unter www.deutsches-uhrenmuseum.de.

Sagenhafter Schwarzwald

Dunkle und mystische Tannenwälder, die den Sonnenstrahlen den Weg versperren, die der Herbst mit einem Nebelmantel umhüllt und in denen im Winter der tiefe Schnee alles Leben zum Erstarren bringt, geheimnisvolle Seen, die mit der moorigen Hochlandschaft verschmelzen, verführten zu blühender Fantasie und sagenhaften Geschichten. Gruselige Erzählungen, in denen Edelfrauen in einer Grotte versauern oder mit ihren Tränen ganze Bäche füllen. Schaurig wird in dem berühmten Märchen »Das kalte Herz« von Wilhelm Hauff erzählt, wie der verarmte Köhler Peter mit dem gefährlichen Bösewicht Holländermichel ein Geschäft eingeht: Sein warmes, pochendes Herz gegen Reichtum. Gruselig und grausig geht es da im gesamten Schwarzwald zu, da ist Harry Potter ein Zuckerschlecken dagegen.

Es gibt aber auch andere Geschichten, lustige, die zu schön sind, um nicht für die Ewigkeit festgehalten zu werden. In Wolfach zum Beispiel zierte einst das Wahrzeichen der Stadt, das Bettelmännle, das Stadttor. Eine kleine Bronzefigur, die einen frechen Kerl zeigt, der selbstbewusst seinen nackten Hintern präsentiert. Es wird erzählt, dass vor langer Zeit, als Wolfach bereits ein Städtchen war, rege Handel betrieb und wohlernährte Bürger hatte, ein Bettler in die Stadt kam und nach Almosen fragte. Überall klopfte er an, nur um abgewiesen zu werden. Seiner Versuche überdrüssig, soll der freche Kerl am Stadttor seinen Kittel gelüpft und den Wolfachern sein nacktes Hinterteil präsentiert haben, zum Trotze und entgegen allen Normen. Die Obrigkeit wollte daraufhin die Knauserei der Bürger festhalten und hat als Mahnmal den kleinen Kerl mit bloßem Hintern am Stadttor anbringen lassen. Die amüsante Geschichte könnte jetzt schon enden, aber es wird noch toller! Vom Stadttor wurde die Figur verlegt und schmückt nun als Replika eine Wand des Schlossgebäudes, das heute das

Finanzamt beherbergt. So streckt der kleine freche Kerl heute ganz selbstbewusst sein Hinterteil dem Finanzamt entgegen. Und da sage einer, die Schwarzwälder wären humorlos!

Eine ganz andere Geschichte zeugt von lösungsorientiertem Denken, und das zu einer Zeit, in der das Wort noch nicht erfunden war. Die Rede ist von den Hornbergern und ihrer Kreativität. Vor langer Zeit kündigte ein Herzog seinen Besuch im schönen Hornberg an. Der Ehrengast sollte mit einem ordentlichen Salut auf dem Schlossberg begrüßt, die Schwarzwälder Gastfreundschaft unter lautem Donner demonstriert werden. Nach langem Warten kam das ersehnte Zeichen als Hornsignal des Schlossturmwächters: Der Herzog sei im Anmarsch. Es wurde geböllert, ein Freudenschießen ohnegleichen, bei dem kein Pulverkrümel übrig blieb. Doch als die Pulverwolken sich lichteten, erschien ein Hirte mit seiner Rinderherde und nicht der ersehnte Ehrengast. Als nun der Herzog sich wahrhaftig näherte, donnerte ein lautes »Piff-Paff« aus allen Kehlen der erfinderischen Hornberger, so als würden die Kanonen donnern. Erleben kann man die amüsante Geschichte beim jährlichen Festspiel oder das ganze Jahr über auf dem »Hornberger-Schießen-Weg«, der auf den Schlossberg führt und den Aufstieg mit einem traumhaften Blick belohnt. Hornberg und sein Viadukt der Schwarzwaldbahn liegen uns zu Füßen wie in einer Modelleisenbahnlandschaft. Und diejenigen, die diese zauberhafte Landschaft mit Romantik verbinden möchten, heiraten auf dem Schlossberg im Pulverturm. Das Pulver ist zwar längst verschossen, aber das laute Herzklopfen der Liebenden reicht schon aus.

Mutige Männer

Heute unvorstellbar: In einer Zeit, in der das nächste Tal schon die Fremde war, haben sich mutige Männer auf den Weg gemacht, sind auf den Flüssen des Schwarzwalds bis zum Rhein geflößt und von dort weiter Richtung Norden, manche sogar bis nach Holland, um das grüne Gold des Schwarzwalds zu verkaufen. Seit seiner Besiedelung hat der Schwarzwald mit seinem Reichtum an Wald jahrhundertelang seine Bewohner ernährt. Der schier endlos scheinende Wald hat zunächst den Bedarf an Brenn- und Bauholz der Siedler gedeckt. Gewichtiger jedoch und ein Kahlschlag für den Wald waren die baumfressenden Gewerbe wie die Flößerei, die Köhlerei, die Glasbläserei und der Bergbau, die Stück für Stück unsere Wälder gierig verschlungen haben.

Bereits das Fällen der Schwarzwaldtannen auf den unwegsamen Böden war eine gefährliche Arbeit, das Rücken der Stämme mithilfe von Ochsen oder Schwarzwälder Füchsen, einer Arbeitspferdrasse, nicht minder riskant. Von den Höhen der Wälder gelangten die kerzengeraden Baumstämme auf den Riesen, von Männerhand erschaffene Holzrutschen, zunächst hinab ins Tal und von dort in einen Wasserlauf, wo die Stämme zu einzelnen Gestören zusammengebunden wurden. An größeren flößbaren Gewässern wie der Enz, der Nagold, der Murg und der Kinzig wurden an speziell aufgestauten Schwellweihern die einzelnen Gestöre zu einem großen schmalen Floß zusammengestellt, das eine Länge von bis zu 600 Meter erreichen konnte. Als Bindematerial dienten Wieden, in speziellen Bähöfen unter Hitze gedrehte Haselnussruten oder junge Tannen, die die einzelnen Gestöre zusammenhielten auf ihrer Reise bis zum Rhein hinunter.

Gefährlich und schwer war die Arbeit auf den Flößen, die Unberechenbarkeit des Wassers barg viele Gefahren. Bei schneller Geschwindigkeit mussten die Flöße um Flussbiegungen und Felsen hinweg gelenkt werden. Viele dieser tapferen Männer sind ertrunken oder haben lebensgefährliche Verletzungen und Quetschungen erlitten auf ihrem Weg zum Rhein. Der Großteil der Langhölzer wurde regional verwendet, für den florierenden Städte- und Kirchenbau. Straßburg und sein Münster, Bauten im heutigen Elsass wie das Kloster in Molsheim, Speyer und sein Dom – in vielen Bauten stecken unsere Schwarzwaldtannen. Sollte die Fahrt weiter Richtung Norden gehen, so wurden die Flöße zu riesigen Kapitalflößen umgebunden. Bis zu 350 m lang und 60 m breit war ein solch schwimmendes Dorf, das mehrere Hundert Männer beherbergte, den Floßherrn, die Steuermänner und Ruderknechte und sogar eine Vielzahl an Köchen, lebten doch die vielen Menschen mehrere Wochen auf ihrer schwimmenden Holzinsel. Lebende Schlachttiere wurden mitgenommen wie auch Unmengen an Bierfässern, denn jedem Floßknecht standen täglich fünf Liter Bier zu. Am Ziel angekommen, wurde das Floß auseinandergelegt, und die begehrten Tannen wurden verkauft. Mit ihrem Arbeitslohn im Sack traten die Flößer den langen Heimweg an, auf ein Fuhrwerk hoffend.

Die Blütezeit des Holztransports erlebte die Flößerei nach dem Dreißigjährigen Krieg. Auf einen Einbruch während des Kriegs folgte eine regelrechte Aufbruchs-

stimmung in ganz Europa. Große Mengen an Holz wurden benötigt, für den Hausbau überall entlang des Rheins und den Schiffbau in Holland, eine wichtige Handelsnation und aufstrebende Seemacht. Und so leerte sich unser Wald, der schier endlos scheinende Rohstoff Holz wurde zur Mangelware, bis die Anbindung des Schwarzwalds an die Eisenbahn Ende des 19. Jahrhunderts auch das Ende der Flößerei bedeutete. Die Eisenbahn als kostengünstiger Konkurrent konnte Holz nun preiswert und zuverlässig von überallher befördern und hat den Rhein und seine Zuflüsse als Transportweg abgelöst. Heute erinnern Museen, Flößerpfade und -feste an die Flößerei, die jahrhundertelang Menschen im Schwarzwald ernährte. Mutige Männer, die wochenlang unterwegs waren, getrennt von ihren Frauen und Kindern, und die, nach einem Vaterunser und einem Kreuzzeichen, ihr Leben den wilden Fluten der Schwarzwälder Flüsse anvertrauten.

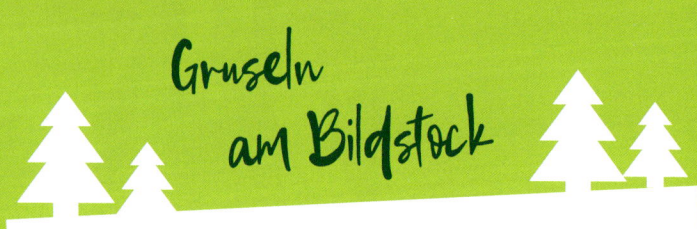

Gruseln am Bildstock

Überall am Wegesrand stehen sie: Bildstöcke und Wegkreuze sind zur Erinnerung an ein Geschehnis errichtet worden. Sie sind stille Zeugen und erzählen uns in wenigen Worten eine Geschichte von vergangenen Zeiten, von Leid und Unglück, von Krankheit und Krieg, aber auch von Freude und Dank. Und sie sind Zeuge tiefer und naturnaher Frömmigkeit in leidgeplagten Zeiten. Oft aus dem für den Schwarzwald typischen Bundsandstein errichtet, lassen ihre kurzen Inschriften viel Platz für Vermutungen. Nur wortkarg geben sie Auskunft und laden uns als stille Wegbegleiter zum Nachdenken ein.

Wir beginnen unsere Gruselgeschichte mit dem **Toten-Mann-Stein in Schöllbronn**, ganz in der Nähe von Ettlingen, dort, wo der Schwarzwald im Norden beginnt. Der Stein ist auf das Jahr 1570 datiert und zeigt ein kompletten Skelett. Überliefert ist die Geschichte von einem habgierigen Vogelfänger, der in einer hohen Eiche ein Starennest ausheben wollte. In dem hohlen Baumstamm hatte ein Starenpaar gebrütet, und die Jungtiere wurden nun in der Baumhöhle von ihren Eltern aufopfernd umsorgt. Der Vogeldieb wurde von einem Kirchgänger beobachtet, der, empört über die Freveltat des jungen Burschen, ihn aufforderte, seine Schandtaten sofort zu beenden: »Du sollst dich nicht an der Natur vergehen. Auch Tiere gehören zur Schöpfung Gottes.« Der Kirchgänger wurde vom Vogelräuber nur lauthals ausgelacht und schändlich beschimpft. Doch da geschah es: Beim

Herunterklettern brach ein Ast, und der Vogeldieb fiel in die hohle Eiche hinein. Erst Jahre später fand man sein Skelett und errichtete als Mahnmal diesen markanten Stein.

Ganz in der Nähe, in Pfaffenrot, einem Ortsteil der Gemeinde Marxzell im waldreichen Albtal, ist gleich ein ganzer prämierter Wanderweg den Bildstöcken und Wegkreuzen gewidmet, der **Pfaffenroter Kreuzweg**. Entlang der fünf Kilometer Wegstrecke erzählen die vielen Kleindenkmäler auf ihre Weise einen Teil unserer Geschichte. Neben der Wendelinkapelle zum Beispiel steht ein hohes Kreuz, das zum Andenken an vier im November und Dezember 1766 verstorbene Söhne der Familie Schneider errichtet wurde. Was für ein tragisches Schicksal, in so kurzer Zeit vier Kinder zu verlieren! War es eine Hungersnot oder umherirrende Truppen, die nach der Annektierung Lothringens durch Frankreich die Söhne der Familie umgebracht haben? Oder gar ein tragischer Unfall? Das bleibt das Geheimnis des mächtigen Sandsteinkreuzes.

In **Schenkenzell** erinnert ein fast zwei Meter hohes Kleindenkmal an den tragischen Tod von Kordula, die im Alter von zwölf Jahren vom Blitz getroffen wurde. Am 10. August 1868 waren die Bauersleute mit ihren zwei Töchtern mit der Feldarbeit beschäftigt, als ein heftiges Unwetter aufzog. Bevor die kleine Familie Schutz suchen konnte, ging ein Blitz nieder und tötete das zwölfjährige Mädchen augenblicklich.

Nach all den furchtbaren Geschichten wollen wir mit einem wahren Happy End enden. Es wird erzählt, dass nach dem Dreißigjährigen Krieg der Schwarzwald so entvölkert war, dass es schwer war, eine junge Gefährtin fürs Leben zu finden. In **Oasbachwalden** erblickte ein junger Mann nach einer langen Wanderung ein schönes Mädchen, bei dessen Anblick es ihm fast die Stimme verschlug; er konnte nur noch ausrufen: »Der alde Gott lebt noch.« Und wie in einem Märchen verliebten sich beide augenblicklich ineinander, und alsbald sollen die Hochzeitsglocken geläutet haben. An dem Platz ihrer ersten Begegnung ließen sie einen Bildstock errichten als Zeugnis ihrer Liebe. Er steht inmitten von Weinreben und hat ihnen seinen berühmten Namen gegeben: **Alde Gott**. Und so können wir heute mit einem vorzüglichen Tropfen auf die ganz große Liebe anstoßen.

Ihr henn hit a Sau am Krage gnomme

In unserer modernen Denkweise, heißt es, ist kaum Platz für das Brauchtumsleben, denn daran haftet manchmal das altbackene Bild einer geschlossenen Gesellschaft und eines geheimnisvollen Aberglaubens. Von wegen! Im Schwarzwald ist das Brauchtum heute noch quicklebendig. In unserer bäuerlich geprägten Region sind Bräuche tief verwurzelt und finden sich im ganzen Jahreslauf wieder. Undenkbar, ein Jahr ohne die bunte Fasnacht und ihre schaurigen Hexen, ohne Mariä Himmelfahrt mit den kunstvoll gebundenen Kräuterbüscheln, ohne den Laternenumzug mit einem Sankt Martin, der hoch zu Ross sitzt.

Früher eine Selbstverständlichkeit und ein wichtiger Beitrag zur Selbstversorgung der Hofbewohner, bilden heute Hausschlachtungen die Ausnahme, und somit gerät auch der charmante Brauch des **Säcklestreckens**, der am Ende eines bäuerlichen Jahres stand, in Vergessenheit. Am Abend des Schlachttages, nach getaner Arbeit, versammeln sich die Hofbewohner zur Metzelsuppe, einer Brühe, die beim Schlachten und Garen von Fleisch und Wursten anfällt. Plötzlich klopft es an dem Stubenfenster, junge Männer haben an einer Stange ein Säckle befestigt, der einen in Versen formulierten Bittbrief enthält. Charmant wird um eine Schlachtbeigabe gebeten. Während die Hofbewohner nun rätseln, wer wohl die Bittsteller draußen im Dunkeln sind, wird das Säckle großzügig mit Würsten und Fleisch gefüllt, knauserig darf man sich nicht zeigen, und wieder am Stecken befestigt. Die Poeten draußen im Dunkeln müssen sich nun in Geduld üben und den passenden Moment abwarten, unerkannt in den Besitz des Säckles zu kommen. Werden sie erwischt, so werden sie in die Stube gezerrt und müssen unter dem Gelächter der Anwesenden die Metzelsuppe mit am Rücken zusammengebunden Armen ausschlürfen. Vorbei und begraben die Gelüste von würzigen Bratwürsten und Fleischstücken.

Beim Peterlispringen am 22. Februar sollen im Kinzig- und Harmersbachtal symbolisch alle *Krotten und Schlangen* vertrieben werden und der Frühling Einzug erhalten. Kinderscharen ziehen heute noch durch das Dorf und erklingeln sich an jeder Haustür Süßigkeiten oder ein paar Münzen. Beschwörungsformeln gegen Schlangen und Kröten sind ein uraltes Ritual, das auch aus dem Attental bei Freiburg überliefert ist.

Eine eindrucksvolle Art, den Winter zu vertreiben, ist der Brauch des Scheibenschlagens an der *Burefasnet*, am Sonntag nach Fasnacht – ein uralter Frühjahrsbrauch, bei dem junge, ledige Männer Buchenscheiben durchbohren, in einem Feuer zum Glühen bringen und mit einer Haselgerte in hohem Bogen zu Tal schleudern. Die leuchtenden Funken in dem dunklen Himmel widmen sie ihrer Liebsten.

Unsere Bräuche sind tief verwurzelt in unserem ländlichen Leben und tragen dazu bei, dass der Schwarzwald so einzigartig ist. Oder, wie es der Fuchs dem kleinen Prinzen von Antoine de Saint-Exupéry erläutert: »Dies ist etwas, was einen Tag vom anderen unterscheidet, eine Stunde von der anderen Stunde.« Weiter steht da, sie machen uns glücklich.

Es weihnachtet

Es liegt ein Zauber in der Luft, und wir fühlen uns wie kleine Kinder, sobald uns in der kalten Jahreszeit die ersten Adventsmärkte aus den warmen Häusern in die kalte Abendluft locken. Himmlischer Waffelduft und der Geruch von gebrannten Mandeln und würzigen Lebkuchen verschmelzen mit dem bunten Angebot der Marktbeschicker in ihren Knusperhäuschen und den glitzernden Lichtern der Weihnachtstanne. Warme Getränke wie Glühwein wärmen uns ganz innen, und altbekannte Weihnachtslieder werden mit Inbrunst gesungen. Das ist die Magie der Weihnachtsmärkte, und die ist im Schwarzwald zauberhaft schön, von der Zavelsteiner Burgweihnacht in Bad Teinach bis ganz in den Süden zum Weihnachtsmarkt in Bad Säckingen.

Noch recht jung an Jahren ist neben dem traditionellen Adventsmarkt der berühmte Adventskalender in **Gengenbach**. Seit 1996 ziert er die Fassade des Rathauses, das mit seinen 24 Fenstern wie geschaffen ist für diese weihnachtliche Attraktion. Das barocke Stadtbild des malerischen Städtchens und das zauberhafte Ambiente des Weihnachtsmarkts ergänzen das allabendliche Ritual der Fensteröffnung. Der Maler Otmar Alt und seine farbenfrohen Kunstwerke haben den Anfang gemacht, seitdem zieren bunte Gemälde weiterer renommierter Künstler wie Chagall und Tomi Ungerer die Fenster des Rathauses. Wie ist es zu dieser herausragenden Idee gekommen, ein Rathaus in einen Riesen-Adventskalender zu verwandeln? Ein Kreativnachmittag eines Aktionsteams aus Vertretern des Einzelhandels und anderen Interessierten soll die zündende Idee hervorgebracht haben. Andere wiederum erzählen von einem feuchtfröhlichen Abend von zweien, die zu später Stunde in ihrem philosophierenden Zustand vor dem Rathaus gestanden und auf die Fenster geschaut haben sollen. So ganz feucht konnte der Abend in dieser Version nicht gewesen sein, sonst wären die beiden nie auf die Zahl 24 gekommen, zwölf Fenster hätten ausgereicht. Egal, wie es zu dieser Adventserfindung letztendlich gekommen ist, hinter der Idee und dem zu ihrer Durchführung gegründeten Verein stehen Ehrenamtliche und eine Unmenge bürgerschaftliches Engagement. Gengenbach kombiniert gekonnt die Atmosphäre einer barocken Stadt mit dem Zauber eines traditionellen Adventsmarkts und dem Renommee der Kalenderkünstler und schenkt seinen Besuchern ein ganz besonderes Weihnachtsgefühl. Hier ist der Adventszauber daheim.

Kühlende Getränke
per Knopfdruck

An jeder Straßenecke in Tokio steht ein hochmoderner Getränkeautomat. Mal abgesehen von der miserablen Ökobilanz dieses Monstrums, sind die kühlenden Getränke per Knopfdruck gerade im japanischen Hochsommer bei einer Betonhitze von 35 Grad und einer Luftfeuchtigkeit von 90 Prozent eine willkommene Erfrischung. Wie eine Dusche von innen. Prickelndes Wasser und Softgetränke in allen Geschmacksrichtungen, von Pfirsich bis Undefinierbar, und das bei angenehmster Temperierung. Der Überlebensautomat spuckt dank ausgetüfteltem Funktionsablauf und ausgefeilten Kontrollmechanismen das gewünschte Getränk zur gewünschten Zeit.

Sollen wir jetzt neidisch sein in unserer ländlichen Gegend? Keine modernen Getränkeautomaten? Keine Betongroßstadt? Nur eine Bushaltestelle, die dreimal am Tag angefahren wird, und ein Mitfahrbänkle mit ungenauen Zeitangaben und ungewissem Ziel … Da können wir Schwarzwälder nur lachen und uns ganz entspannt auf unserem Bänkle zurücklehnen. Wir haben die kühlende Robotik schon längst erfunden, dazu klimaneutral: unsere Schnapsbrünnele mitten im Wald, Zeichen Schwarzwälder Genialität und Tüftlertums. Das soll uns ein Großstädter erst einmal nachmachen! Von weiter Ferne könnte man meinen zu hören: »Die trinkfesten Schwarzwälder wieder mit ihrem Schnaps!« Nein, nein, es gibt auch Bier in den Schnapsbrünnele, sogar Radler und manchmal Schorle, Apfelschorle, versteht sich. Ob

in ausgehöhlten Baumstämmen, gehauenen Sandstein-trögen oder kompliziert gebauten Holzhäuschen – das ständig fließende kalte Quellwasser dient der Kühlung der darin liegenden Getränke.

Viele ausländische Gäste beneiden uns nicht nur um unser funktionierendes Pfandsystem, sondern auch um diese funktionale Art der Getränkeversorgung mitten im Wald. Sie wundern sich kopfschüttelnd über die flüssigen Schätze, die unabgeschlossen und unbeaufsichtigt im Schnapsbrünnele stehen, ohne Schließzylinder und Wachpersonal. Fassungslos nehmen sie zur Kenntnis, dass das Spendenkässle und die vollen Flaschen an den darauffolgenden Tagen immer noch nicht spurlos verschwunden sind. Und das Tolle daran? Wie durch einen Zauber sind die Brünnele am nächsten Tag wieder aufgefüllt, die Getränke reihen sich adrett aneinander und warten auf die nächste Wandergruppe. Stille Waldgeister müssen hier am Werke sein, Schnapszwerge und Schorleelfen den Wald besiedeln.

An schönen Aussichtspunkten gelegen, laden die Schnapsbrünnele nach der zehnprozentigen Steigung zu einer vierzigprozentigen Belohnung und einer hundertprozentigen Auszeit ein.

Tipp: In Kappelrodeck und seiner Schnapsbrunnentour überzeugt der Blick in die Schnapsbrünnele immer.

Weltgrößte Kuckucksuhr im Doppelpack

Der Schwarzwald ist das Land der Superlative. Mit den Triberger Wasserfällen haben wir die höchsten Wasserfälle Deutschlands, mit dem Aufzugstestturm in Rottweil die höchste Besucherplattform und mit dem markanten Riesen-WC von Duravit in Hornberg das größte Klo der Welt. Die Liste der Schwarzwälder Errungenschaften und Bestenplätze könnte ein ganzes Buch füllen, so gut sind wir. Bei unserer weltberühmten Kuckucksuhr belegen wir den Größen-Spitzenplatz gleich im Doppelpack. Zwei Kuckucksuhrenhersteller in den Nachbargemeinden Triberg und Schonach beanspruchen den begehrten Titel jeweils für sich und lassen nicht nur den Kuckuck laut über das Tal rufen, sondern auch die Kassen rege klingeln. Bei den Programmen der Reisebusse steht der niedliche Vogel im XXL-Format ganz oben auf der Liste der Sehenswürdigkeiten.

In Triberg lebt der Kuckuck nicht mitten im Wald, sondern an der stark frequentierten Bundesstraße und lockt halbstündlich die Touristen, seinem Rufen zuzuhören und anschließend in den großen Verkaufsraum zu treten. Die Uhrmachermeister Ewald und Ralf Eble haben die Kuckucksuhr nicht neu erfunden, sondern nach alter Handwerkstradition gebaut, allerdings in völlig neuen Dimensionen: in sechzigfacher Größe. Das Uhrwerk misst 4,5 × 4,5 Meter, der Kuckuck ist 4,5 Meter lang und 150 Kilogramm schwer. Fährt man keine zehn Minuten weiter Richtung Schonach, ein kurzer Kuckucks-

vogelflug, steht ein mit bunten Geranien geschmücktes kleines Schwarzwaldhäuschen abseits der Straße. Auch dort ruft aus dem oberen Fenster halbstündlich der hölzerne Kuckuck. Mit seinen 80 Zentimetern ist er viel kleiner als sein großer Bruder in Triberg, dafür ist die Kulisse umso entzückender. Die Kuckucksuhr wurde im Maßstab 50.1 erbaut und fand zunächst im Guinnessbuch der Rekorde ihren Eintrag, bis die Triberger Nachbarin ihr den begehrten Titel abzwitscherte. Seitdem schmückt sich der große Uhrenkasten in Schonach mit dem Titel »Erste weltgrößte Kuckucksuhr«. Auch hier kann man die Handwerkskunst des Uhrwerks im Inneren des Häuschens bewundern und steht dabei, wie praktisch, gleich im Verkaufsraum. Die beste Besuchszeit ist natürlich 11 Uhr 59, denn kurz vor Mittag kommt man in den längsten Rufgenuss.

Für eine sächsische Reisegruppe und ihre »Schwarzwaldrundfahrt an nur einem Tag« stand der Besuch des großen Vogels in Schonach als Höhepunkt im Programm. Mit einer gewissen Dramatik haben wir uns dem Schwarzwaldhäuschen genähert und mit reger Vorfreude auf das Rufen gewartet. Endlich war es so weit, der Fensterladen öffnete sich, und der putzige Kuckuck ließ seinen durch die Jahre etwas verschnupften Ruf verlauten. Eine Dame schrie ganz entsetzt in lautem Sächsisch: »Unser Kuckuck ist viel größer und schöner! Wir haben die weltgrößte Kuckucksuhr außerhalb des Schwarzwalds.« Erstaunt und ungläubig dachte ich nur: »Was, noch ein Vogel, der auf der Weltbühne stolziert? Langsam wird es eng auf der Bestenliste!« In der Tat, einen langen Flug entfernt, über 600 Kilometer, steht in Gernrode auch ein großer Vogel, der vom Harz aus seinen Brüdern im Schwarzwald halbstündlich zuruft.

Am richtigen Platz

Ein sportlicher Tagesausflug auf dem winterlichen Belchen. Wir erklimmen mit den Schneeschuhen den Gipfel und fühlen uns wie Könige. Erschöpft sind wir, von der sportlichen Betätigung, der Kälte, dem Wind. Gut, dass wir in einem kleinen Seitental in einem noch kleineren Dorf in einem Gasthaus bereits ein Zimmer reserviert haben. Vor dem Gasthaus angekommen, sind wir entzückt: Trotz meiner 1,60 Meter Größe muss sogar ich meinen Kopf einziehen, um über die Türschwelle zu treten. Eine alte schräge Tür, die herzzerreißend knarrt und zur guten Stube führt. Wir treten ein, augenblicklich hören alle Konversationen auf, und sämtliche Augenpaare der Anwesenden richten sich auf uns. Einheimische. Ein wenig verunsichert, aber doch laut und fröhlich rufen wir: »Guten Abend!« Einige Grüße, manches Kopfnicken als Antwort, die Gespräche gehen weiter. Noch verfroren von unserem Schneetag, erblicke ich mit Entzücken einen wunderschönen Kachelofen, der mich mit seiner strahlenden Wärme magisch anzieht. Das ist mein Platz. Zielstrebig gehen wir dorthin, und mit einem wohligen Seufzer lasse ich mich nieder und wärme meinen Rücken an den heißen Kacheln. In diesem Moment ist es der schönste Platz auf Erden. Stolz über den ergatterten Sitz blicke ich auf und schaue in erschrockene Gesichter. Einheimische. Der Wirt kommt, lächelt verschmitzt und nimmt unsere Bestellung auf. Keine fünf Minuten später, der erste Schluck Bier ist schon getrunken, geht die Tür der Gaststube laut knarrend auf. Eine fröhliche Gruppe kommt herein, bleibt augenblicklich stehen und schaut feindselig in unsere Richtung. Was haben wir getan? Verunsichert schauen wir von der Gruppe zur Theke zum Wirt und wieder zu der Gruppe. Der Wirt, mit einem breiten Grinsen, klärt uns auf: »Ihr sitzet am Stammtisch.« Oh nein! An diese Rangordnung in dem tiefen Seitental hatten wir gar nicht gedacht. Der Stammtisch als Mittelpunkt des Dorfgeschehens. Für seine Zugehörigkeit müssen erst Generationen intakten Verhaltens vergehen und ein unsichtbarer Orden sämtlicher Dorfbewohner verliehen werden. Dieses Fehlverhalten ist uns wirklich peinlich. Wir entschuldigen uns vielmals bei allen Anwesenden, stehen auf, greifen unsere Biergläser und möchten das Feld so schnell wie möglich räumen, am besten hinunter in den Keller. Vielleicht können wir uns hinter den Kartoffelsäcken verstecken und unser Restbier im Dunkeln trinken? »Nix da, ihr bliebet jetzt sitze«, klärt uns einer aus der Gruppe auf, »mir setzet uns dazu.« Ein zweiter Tisch wird angepackt, Stühle werden gerückt, und auf einmal sind wir eine wirklich große Gruppe. Ein Kartenspiel wird ausgepackt, und die Grundregeln des Cego werden uns erklärt. Es ist laut, gesellig, lustig. Ein langer Abend mit neuen Freunden und dem warmen Gefühl der Zugehörigkeit.

vorderdreiviertelsiebene

Einer älteren Dame hatte ich als Neuling im Schwarzwald angeboten, für sie einkaufen zu gehen, sollte sie mal unpässlich sein. Sehr verschnupft rief sie mich schon einige Tage später an, es war ein Sonntag, und fragte hoffnungsvoll: »Kummsch *vorderdreiviertelsiebene*, weil *viertelachte* de Fallers kummt.« Aha, zwei Fremdwörter in nur einem Satz. Um die kränkliche Dame nicht anzustrengen, gedachte ich, mittels logischen Denkens selber Licht in das unergründliche Dunkle des Schwarzwälder Dialekts zu bringen. Durch die Umstellung der Buchstabenfolge ergab *vorderdreiviertelsiebene* sieben Uhr und Dreiviertel, also Viertel vor acht, das war einfach. Dann musste *viertelachte* acht Uhr und ein Viertel bedeuten. Alles ganz plausibel und ins Hochdeutsche übersetzt: »Ich soll um Viertel vor acht ihre Einkaufsliste abholen.« Kurz vor der vereinbarten Zeit klingelte ich an der Tür, nur um in ein besorgtes Gesicht zu blicken. Mit einem »Da bisch ja endlich« wurde ich ins Wohnzimmer gezogen, auf den Sessel gedrückt und zum Schweigen aufgefordert. Der Fernseher röhrte laut – eindeutig, ich war mitten im Höhepunkt einer Sendung angekommen, kurz vor einer dramatischen Wendung. Ein romantisches Schwarzwaldhaus war zu sehen, eine Familie, ein Förster. Die Fallers! Kurz danach schaltete die Dame den Fernseher aus und fragte mich besorgt, warum ich so spät erst erschienen sei. Auf mein verdutztes Gesicht und mein Unverständnis erhielt ich von der Dame eine Einführung in die dunkle, unergründliche Welt der Schwarzwälder

Uhrenterminologie. Eine Zeitangabe, in der die Zeiger ganz anders ticken, eindeutig verkehrt herum laufen und ganze Viertel verschlucken, um sie zu einer späteren Zeit wieder auszuspucken, um genau *vorderdreiviertelsiebene*.

Schwarzwälder Navi

Wir freuen uns wie kleine Kinder auf unsere heutige Mountainbike-Tour. Der Blick aus dem Fenster verspricht einen Tag mit viel Sonnenschein. Kurzerhand entschließen wir uns, das Handy zu Hause zu lassen und ganz entschleunigt den Tag zu erleben. Sogar die Strecke ist nicht fest geplant, wir möchten unserer Entdeckungslust freien Lauf lassen. In der noch frischen Frühlingsluft treten wir kräftig in die Pedale, der unendlichen Tannenwelt entgegen, und genießen immer wieder wunderschöne Ausblicke.

Nach vielen Kilometern und der ersten Müdigkeit packen wir an einem Bänkle unser Picknick aus. Wie gut alles schmeckt nach der Anstrengung! Ein bisschen entspannen, ein wenig dösen, und schon geht es wieder weiter, diesmal grob Richtung Heimat. So ungefähr wissen wir ja, wo wir sind. Doch so langsam kommen erste Zweifel auf. Ist das die richtige Strecke? Gut, dass wir einen Holzarbeiter sehen, einen knorrigen alten Mann mit Zipfelkappe. Wir fragen ihn, wie wir wieder nach Hause kommen. »Da hübbe nuf, dann napp, an de drei Danne durch, drübbe wieder nuf, steil napp, dann sinner fascht in eurem Tal.« Aha! Wir wollen unseren auskunftsfreudigen neuen Freund nicht mit solchen Lappalien belästigen wie links und rechts, Norden und Süden. Und wir möchten uns keine Blöße geben, schließlich sind wir ja auch ein bisschen Schwarzwälder … Wir bedanken uns artig und radeln davon mit der Hoffnung, den richtigen Weg einzuschlagen. So langsam sinkt aber unser Optimismus, und Verzweiflung macht sich breit. Etliche Bergkuppen weiter halten wir an, kraft- und mutlos, und werfen uns die ersten Anschuldigungen an den Kopf, die aber prompt enden, als wir in der Ferne wieder jemanden sehen. Schnell radeln wir hin und treffen … auf unseren alten Mann mit Zipfelkappe, unseren Freund und Helfer! Er lacht und fragt: »Was mache denn ihr do, sinner im Kreis gfahre? Da habt ihr aber müde Füß!« Mit der Schwarzwälder Orthopädie war ich bereits vertraut, der Mensch hier im Ländle besteht aus Kopf, Bauch und *Füß*, Beine waren inexistent. Nicht, dass im Schwarzwald nur Winzlinge leben, ganz und gar nicht. Der Schwarzwälder lebt nur auf sehr großem Fuß, genau vom Hüftgelenk bis zum großen Zeh abwärts. Kleinlaut geben wir zu, dass wir seine Wegführung nicht verstanden haben. Er steigt in sein Auto und ruft laut: »Komme, fahre mir noch.« Das verstehen wir! Und siehe da, kurze Zeit später erscheinen die ersten Häuser, eine Kirchturmspitze, die uns bekannt vorkommt. Wir sind fast da. Wir bedanken uns überschwänglich bei unserem Freund und immer noch Helfer und fahren die letzten Kilometer nach Hause. Übermüdet, aber glücklich kommen wir an. Wir holen zwei Fläschle aus dem Kühlschrank, stoßen an auf den sportlichen Tag, unseren neuen Freund und den charmanten Schwarzwälder Dialekt.

Die Herzdame

Die Schwarzwälder sind ein fröhliches und liebenswürdiges Volk. Von wegen mürrisch oder gar verschlossen! Kein introvertiertes tiefes Tälervolk, sondern freundlich und manierlich. Und vor allem höflich. In unseren Schwarzwalddörfern wird gegrüßt, was das Zeug hält. Große grüßen Kleine, Junge Alte und Einheimische Fremde. Natürlich sind in den lang gestreckten Schwarzwalddörfern fast alle miteinander verwandt, über viele Ecken. Das erkennt der verwunderte *Rigschmeckte* daran, dass es in einer Ortschaft nur drei unterschiedliche Nachnamen gibt. Unter der großen Verwandtschaft mehrfachen Grades ist das Grüßen auf den Straßen daher eine Selbstverständlichkeit. Fragt man, wer die soeben Gegrüßte sei, erhält man die einfache Antwort: »Des isch die Tochter der Schwester meiner Gotte ihrer Cousine«, oder so ähnlich, vielleicht auch anders herum, und ist nachher genauso schlau wie vorher. Es gibt auch Zugezogene, nicht Einheimische, die sich nach jahrzehntelangem Leben im Dorf wunderbar integriert haben – ursprünglich stammen sie aus dem Nachbardorf.

Mit guten Manieren im Gepäck und der freundlichen Angewohnheit, alle zu grüßen, die ihm auf seinem Weg so begegnen, ist vor über sechzig Jahren ein junger und unternehmungslustiger Schwarzwälder ausgewandert nach Paris, in die Stadt der Liebe. Wohlerzogen und galant, wie er war, und auf ein gutes Bild der Schwarzwälder im Ausland bedacht, ließ er in den ersten Tagen seiner Ankunft ein lautes »Bonjour« auf sämtlichen *Trottoirs* der französischen Großstadt ertönen. Bestenfalls erntete er verwunderte Blicke, oft aber nur einen erschrockenen Gesichtsausdruck, gefolgt vom hastigen Weiterlaufen der Angesprochenen. Schnell merkte unser Schwarzwälder, dass ein manierliches »Guten Tag«-Sagen nicht *en vogue* war auf den Straßen der französischen Metropole. Er ließ sich davon nicht abhalten und grüßte eifrig weiter. Und so ganz unempfänglich für den charmanten Schwarzwälder waren die Pariser denn doch nicht, allen voran die Pariserinnen. Mit einer ganz bestimmten jungen *Mademoiselle* in einem Café kam unser Schwarzwälder sehr schnell ins Gespräch. Nach einem aufmerksamen »Bonjour« erkundigte er sich galant, ob der Platz neben ihr noch frei sei. »Oui, oui«, freute sich die junge Pariserin. Es folgten sittsame Gespräche, scheue Blicke und ein ritterliches Nachhausebringen der jungen *Mademoiselle* bis an ihre Türschwelle, wie es sich gehörte zu diesen Zeiten. Eindeutig und nicht abstreitbar, unser junger Schwarzwälder war verliebt bis über beide Ohren, und das in der Stadt der Liebe. Französische Schmetterlinge flogen in seinem Bauch, und er war sich sicher: Das ist meine *Dame de Cœur*, meine Herzdame. Direkt und entschlossen, wie sie sind, die Schwarzwälder, rief er am nächsten Morgen in aller Früh bei der jungen *Mademoiselle* an, es war noch nicht einmal die Zeit der *Cafés* und der *Croissants*, und fragte die entscheidende Frage. Seinen Heiratsantrag nahm sie ohne Zögern an. Es folgten 56 Ehejahre einer schwarzwälderisch-französischen Liebe, mit ihren Höhen, so hoch wie der Eiffelturm, und ihren gelegentlichen Tiefen, so dunkel wie manches Schwarzwaldtal, einer Liebe, die stärker war als die kulturellen Turbulenzen. Eine kleine Liebeserklärung an meine Eltern.

Empfang?
Nein danke!

Auf einem Bein hüpfen, sich im Kreis herum-
drehen und den rechten Arm weit nach oben
strecken, dem Himmel entgegen. Was wie eine
Yogadehnung klingt, ist in Wahrheit der verzweifelte
Versuch, mitten im Wald einen Balken auf den Handy-
bildschirm zu zaubern. Nicht drei oder gar vier Balken,
das wäre zu anmaßend. Nein, *ein* klitzekleiner Balken
würde mich bereits zufriedenstellen. Nichts zu machen.
Wie in Stein gemeißelt erscheinen auf dem Bildschirm
zwei Wörter: Kein Netz. Ich renne den Berg hoch, komme außer Puste und schaue hoffnungsvoll auf den Bildschirm. Niemandsland. Nun ändere ich meine Strategie
und versuche mit größter mentaler Kraftanstrengung,
mich mit meinem Handy zu verbinden, eine gemeinsame Ebene zu schaffen zwischen ihm und mir. Wie ein
Mantra rezitiere ich dabei: »Du schaffst das!« Nach drei-
ßig Versuchen weiterhin nichts. Meine magischen Sätze
muss ich überarbeiten.

Verzweiflung macht sich breit, und nur einen Wimpernschlag lang braucht es, bis ich mir all die schrecklichen
Dinge vorstelle, die passiert sein könnten in der Zeit, in
der wir uns mitten im Wald eine fantastische Auszeit
gönnen, während die Tochter zu Hause ist. Das Haus
samt Hundehütte könnte bis zum letzten Balken abge-
brannt sein. Das ist unwahrscheinlich, denn es regnet ja
seit heute Morgen. Der Bach könnte zu einem reißen-
den Strom angeschwollen sein, zu einem gefährlichen
Schwarzwälder Amazonas, und das ganze Grundstück

mitgerissen haben. Das Haus sehe ich schon den Bach hinabschwimmen wie zu Zeiten der Flößerei, zuerst in den Rhein und von dort in die Weite der Nordsee. Kaum möglich, denn es nieselt ja nur leicht. Der Postbote könnte, zu einem fürchterlichen Verbrecher mutiert, an der Tür geklingelt und die Tochter entführt haben. »Stopp!«,  schreie ich innerlich, kein Kopfkino! Die kleinen Horrorfilme in meinem Kopf ziehen weiter wie die Regenwolken am Himmel. Eigentlich ist alles gut. Wir haben vor dem Wegfahren vereinbart, dass wir versuchen anzurufen, falls wir Empfang haben. Außerdem ist unsere Tochter nicht allein, die Großmutter ist angereist. Und die Tochter ist ein Teenager und vermutlich heilfroh, uns nicht zu hören. Unsere Besorgnis wäre *echt uncool*.

Um diese Erkenntnisse reicher fange ich nun an, die Vorzüge der fehlenden Netzverbindung zu sehen. Wir können nicht anrufen, folglich können wir auch nicht angerufen werden. Keine Kollegen, die kurz noch eine Bestätigung benötigen. Keine 219 Nachrichten einer Chatgruppe, nur um ein gemeinsames Geschenk für die Lehrerverabschiedung zu finden. Toll! Eine richtige Auszeit fernab der Zivilisation, nur für uns. Wir fühlen uns schon wie die ersten Siedler des Schwarzwalds vor Tausenden von Jahren, die hatten auch keinen Empfang. Um uns nur der dichte Wald und vor uns eine Auszeit, sonst nichts, auch definitiv kein Sendemast. Das ist wirklich ein Luxus, und den gibt es noch überall zu haben im Schwarzwald, gewollt oder ungewollt. Die Einstellung zählt!

Nix gsagt isch gnuag globt

In unserer modernen Arbeitswelt hat sich die Lob-Kultur etabliert. Das Lob des Vorgesetzen für ein fertiggestelltes Werkstück oder einen zufriedengestellten Kunden nach einer komplizierten Reklamation ist mehr wert als ein paar Euros am Ende des Tages. Man wird für seine Leistung gewürdigt und erfährt eine Wertschätzung, die nicht nur kurzzeitig freut, sondern langfristig motiviert. Das Lob, gut eingesetzt, ist mehr als ein Schulterklopfen, es ist wie ein kühles Bier, das man sich am Freitagabend nach einer langen Arbeitswoche genießerisch gönnt.

Auch im Schwarzwald hat sich in den tiefen Tälern und hohen Bergen überall herumgesprochen: Wer von seinen Mitarbeitern Heldentaten fordert, der sollte loben. Ganz selten jedoch trifft man auf den Urtypen des Schwarzwälders. Ein wortkarger Mensch, der unermüdlich arbeitet und bei dem Taten mehr als Worte gelten. Sich vormittags mal gemütlich in die Hängematte zu legen und einfach mal den Himmel anzuschauen, das geht gar nicht. Vor allem streng mit sich selber, ist es für diesen Urtyp schwer, seine Mitmenschen zu loben. Dieser Schwarzwälder ist kein Freund langer Sätze und blumiger Formulierungen. Eher wortkarge Anerkennung, so wie die Redensart *Nix gsagt isch gnuag globt*. Doch hört man ganz genau hin, so kann man die Anerkennung doch hören. Wirklich. Eine Art Schwarzwälder Grunzlaut, ein kurzes *Hm*. Keine Betonung auf dem *H,* was eine Frage bedeuten könnte, oder noch undenkbarer eine Betonung des *M*, was genießerisch wäre. Ein knappes *Hm*, die Anerkennung, dass Außerordentliches geleistet wurde. Übersetzt bedeutet das so viel wie: »Super, was du da geleistet hast! Dank dir sind wir ein gutes Stück vorangekommen, und der Kunde hat einen enormen Nutzen erfahren, eine wirkliche *Win-win-situation*. Was für ein *impact*! Danke.« Dagegen ist das schwarzwälderische *Hm* einfach und ehrlich. In nur zwei Buchstaben bringt unser charmanter Schwarzwälder seine ganze brodelnde Gefühlswelt und innere Wärme zum Ausdruck. Natürlich könnte das schlichte *Hm* auch noch etwas ganz anderes bedeuten. Vielleicht eine Frage, wie es zu dem eigenartigen Ergebnis gekommen ist? Oder eine Aufforderung, mehr zu leisten? Das Wunderbare an dem einfachen und knappen *Hm* ist, dass es viel Freiraum für Interpretationen lässt und wir, positiv gestimmt, wie wir sind, vom Besten ausgehen. Ein dickes Lob eben.

Freude schenken – einfach so!

In den vielen Dörfern unseres Mittelgebirges ist die Vereinsvielfalt unbeschreiblich. Kein Verein, den es nicht gibt. Von den Landfrauen und der Trachtengruppe bis zur Musikkapelle und dem Kegelklub – in unseren Dörfern wird es nie langweilig. Hinzu kommen die unzähligen Narrenvereine und natürlich die mitgliederstarken Sportvereine. Bekanntlich ist in den Städten das kulturelle Angebot groß, Abwechslung und Verlockung sind gegeben. Verstecken müssen wir uns dennoch nicht in unseren Schwarzwalddörfern und konkurrieren erhobenen Hauptes mit unseren aktiven Vereinen. In der kleinen Gemeinde Oberwolfach zum Beispiel, im tiefen Wolftal, sind gefühlt fast alle im Sportverein, egal wie beweglich sie sind und manche schon lang vor ihrer Geburt. Kein Wunder, dass man bis weit über das Tal hinaus die Mitglieder und Fans bei Fußballheimspielen grölen und johlen hört. Zu den lauten Vereinsmitgliedern und singenden Fans gesellen sich Trommler hinzu, die mit kräftigen Schlägen das ganze Tal zum Beben bringen. Rechnerisch gesehen sind fünfzig Prozent der Einwohner im Sportverein. Da könnte so mancher Erstligist glatt neidisch werden!

Um die Attraktivität unserer Vereine zu erhalten, sind viele ehrenamtliche Helfer nötig, oft Menschen, die im Hintergrund stehen und bereit sind, anderen Zeit und Freude zu schenken, einfach so. Wie Manuel zum Beispiel. Der gesamte Schwarzwald würde in das Herz unseres jungen Mannes passen, so groß ist es für seine

Mitmenschen. Gepaart mit seiner Lebensfreude und seinem Ideenreichtum ergibt das eine ansteckend explosive Mischung. Im Jahresverlauf ist er Mitorganisator vieler Feste. Für das Osterfest zum Beispiel dekoriert er das Städtle unermüdlich mit gelben Osterglocken und bunten Holzeiern. Sehr zur Freude der Kinder hüpft er in ein Hasenkostüm und hoppelt als Osterhase durch die Stadt. In den tristen und grauen Monaten im Winter organisiert er ein monatliches Kneipenquiz, um die Gaststuben zu beleben. Lustig geht es an diesen Abenden im Städtle zu, seine Quizrunden sind legendär. Raten darf man, wie lange der Begattungsapparat der Bananenschnecke ist oder wie lange der Dreißigjährige Krieg dauerte. So zieht auch Bildung in unsere Dörfer ein. Und dann gibt es noch die wöchentliche Seniorinnengymnastikgruppe, die er leitet. An seinem freien Tag gibt es leichtes Aerobic zu volkstümlicher Tanzmusik. Seine Kurse finden großen Zulauf. Klar, er ist der Hahn im Korb, und die Seniorinnen lieben sein Engagement, seine Ausstrahlung und ihn, ganz einfach. Menschen wie er sind Helden, keine kleinen Alltagshelden, sondern ganz große. Dank ihm und vielen anderen ehrenamtlich Engagierten sind unsere Dörfer lebendiger und glücklicher.

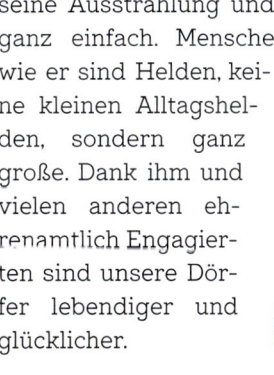

A wäng von sellem

Die Schwarzwälder werden für ihre Mengenangaben *a bissle von dem* oder *a wäng von sellem* oft belächelt. Schaut man sich um in Europa, so haben viele Regionen ihre ganz eigenen Portionsgrößen. Schwimmt man sogar über den Teich zu den Briten, da wird man mit *stones* und *pints* konfrontiert, also Steinen für Gewichte und Biergläser für Flüssiges, das Letztere mag manchem Schwarzwälder sicherlich auch gefallen. Füße, Meilen, Unzen und Gallonen bereichern die Gewichte und Maße der Briten. Ein Stein entspricht genau 6,35029 Kilogramm, ein Jugendlicher soll dann 7,75 Steine wiegen? Das soll mal einer rechnen ohne Taschenrechner, gut für das Gehirnjogging. Kein Wunder, dass die Integration fehlgeschlagen ist und die Briten das gemeinsame Europa, in dessen Herzen natürlich der Schwarzwald liegt, wieder verlassen haben. Hier im Ländle liegen wir mit unseren ungenauen, dafür überaus charmanten Portionsgrößen wie *a bissle von dem* oder *a wäng von sellem* goldrichtig, die passen immer. Und wenn es mal rechnerisch ganz genau sein sollte, sagen wir mal 0,03 g, dann haben wir immer noch *a Muggeseggele*, die kleinste Einheit hierzulande, so klein wie die Geschlechtsteile einer Schmeißfliege.

Stilles Dorfleben?

Der Hahn kräht morgens so laut, als stände er im Schlafzimmer, frech zwischen uns zwei Schlafenden im Bett stolzierend. Weiß er denn nicht, dass es noch stockdunkel ist? Prompt antwortet ihm vom gegenüberliegenden Hof sein lauter Konkurrent. Wir sind also bereits vier Lebewesen im Schlafzimmer, mein Ehemann, zwei Hähne und ich. Es wird langsam eng unter der Decke. Den Kopf unter das Kopfkissen stecken und die Zeigefinger in die Ohren helfen nicht, das morgendliche, ach was, das noch nächtliche Krähen zu ignorieren. Einer kräht, der andere kräht zurück, Schwarzwälder Operette mit einem Touch Dramatik auf einer Langspielplatte, die feststeckt.

Endlich wird es still. Es ist Samstagmorgen kurz nach 5 Uhr. Wir können zurück in die Tiefe des Betts und der Nacht schlummern, die Träume waren noch lange nicht ausgeträumt. Das Happy End fehlte noch, als das erste laute Krähen die Fantasiewelt abrupt zum Zerplatzen brachte. Herrliche Stille. Plötzlich donnert es. Wir schrecken auf und sitzen aufrecht im Bett. Das kann nicht der Traum mit dem Happy End gewesen sein, denn wir haben beide das laute Donnern gehört. War das der Hahn? Spielt der jetzt die große Trommel in einem imaginären Tierorchester? Der erste Hahn die Basstrommel, der zweite Vogel vom Nachbarhof antwortet mit der Tuba? Unmöglich. Vielleicht ein beginnender Blitzkrieg zwischen den zwei Hähnen, die Kanonen schon ausgefahren? Schwer vorstellbar. Wir sinken zurück auf das

Kopfkissen, die gemütliche Daunendecke umhüllt uns und unsere Wachsamkeit. Rumms! Schon wieder ein Donnern. Jetzt stehen wir auf und schauen nach. Eindeutig, es ist das Schießen vom *Schießhäusle*, das eine Hochzeit ankündigt. Heiraten die Liebenden schon um kurz vor sechs? Die können es wohl gar nicht abwarten: um sechs die Trauung, um sieben das Festmahl mit kurzem Tanzbeinschwingen und um acht Uhr morgens romantische Zweisamkeit. Gut, das kann auch ich verstehen. Nach minutenlangem Schweigen wieder ein Donnern, und das eine halbe Stunde lang, immer wieder. Doch dann scheint das Pulver verschossen zu sein, es ist jetzt lang anhaltend still.

Wunderbar. Der Tag ist noch dunkel, die Daunendecke noch warm, was gibt es Schöneres, als ausgiebig auszuschlafen? Der Hahn hat ausgekräht, die Hochzeit ist ausgedonnert. Zuversichtlich legen wir uns wieder hin und freuen uns über die vielen Stunden, die es noch zu schlafen und träumen gibt an dem noch jungen Morgen. Schwach in der Ferne die Kirchenglocke, so tief verwurzelt in diesem idyllischen Dorfleben, dass wir sie fast gar nicht mehr wahrnehmen. Doch pünktlich um acht Uhr, gerade schlägt sie ihren letzten Schlag, ein K.-o.-Schlag, knattert es, und wie. Übt der Hahn jetzt Schlagzeug, immer wieder den gleichen Beat? Wir schauen raus. Es ist der Rasenmäher, nicht unserer. Okay, wir geben auf, kriechen aus dem warmen Bett, hinein in den noch frühen Tag. Es ist so schön auf dem Dorf, aber nicht immer still.

Säläbrities mit Doppel-ä

»Hansy Vogt, guten Tag. Kann ich bitte mit Ihrem Geschäftsführer sprechen?«

»Guten Tag, Herr Vogt. Vielleicht darf ich Ihnen weiterhelfen?«

»Es geht um eine Veranstaltung«, antwortet Hansy Vogt freundlich.

»Sehr gern, ich kann Ihren Veranstaltungswunsch gerne entgegennehmen und Ihnen Karten reservieren.«

»Nein, nein. Ich gebe die Veranstaltung. Ich bin DER Hansy Vogt.«

»Ihren Namen habe ich mir bereits am Anfang unseres Telefonats notiert«, pflichtbewusst und betont langsam wiederhole ich den Namen, »H a n s y V o g t.«

»Ja, kennen Sie mich denn nicht? Ich bin Frau Wäber mit ä.«

»Aha, Herr Vogt, Sie sind Frau Wäber mit ä?« Einen Kunden soll man nicht verärgern, denke ich vor mich hin, aber der Anrufer hier scheint definitiv verwirrt zu sein. Die freundliche Stimme ist hundertprozentig männlich. Angestrengt überlege ich, wie ich das Telefonat erfolgreich beenden kann, die letzte Telefonschulung liegt schon einige Jahre zurück. Ich entscheide mich für eine stupide Wiederholung: »Herr Vogt, Sie sind Frau Wäber mit ä?«

»Ja, das Gesicht des Schwarzwalds.«

»Oje, wohin wird mich dieses Telefonat nur führen?«, überlege ich fieberhaft: Ein Mann, der eine Frau ist, mit Schwarzwaldgesicht obendrein. Ich versuche, mir das

bildlich vorzustellen, mit Tannen und Fichten auf dem Kopf anstelle von Haaren und Hüten. Geht nicht. Ich entscheide mich diesmal für eine neue Strategie und schweige. Und auf einmal lacht die männliche Stimme von Hansy Vogt, pardon, Frau Wäber mit ä lacht und lacht und hört nicht mehr auf. Vielleicht bin ich diejenige, die verwirrt ist, und das alles ist nur ein Riesenscherz, so wie bei »Verstehen Sie Spaß«? Ich blicke um mich und suche die versteckte Kamera.

Hansy Vogt klärt mich freundlich auf. Sympathisch erzählt er mir, dass er Entertainer, Sänger und Botschafter des Schwarzwalds ist. Und ich erzähle ihm entschuldigend, dass ich viele Jahre im Ausland gelebt habe und bisher nie in seinen Hör- und Sehgenuss gekommen bin. Fast zwanzig Jahre in der Ferne haben deutliche Spuren hinterlassen, mein Kulturwissen benötigt dringend eine Auffrischung. Das ist mir ein bisschen peinlich, aber ich freue mich auch, denn Hansy Vogt, pardon: Frau Wäber mit ä ist alles andere als prätentiös, im Gegenteil. Er findet die Situation amüsant, und mit seiner herzlichen Art hilft er mir über meine Verlegenheit hinweg. So sind sie, die Schwarzwälder, einfach, herzlich und erfrischend, sogar die »Säläbrities mit Doppel-ä«.

Vom Arschwegle zum Höhepunkt

Nachdem am zweiten Weihnachtsfeiertag 1999 das Orkantief Lothar gewütet und in nur zwei Stunden im Schwarzwald ein Meer von Verwüstungen und Schaden in Millionenhöhe angerichtet hatte, gab es nach vielen Aufräumarbeiten Freiflächen mit Weitsicht. Auf genau so einem kleinen Fleckchen auf der Landkarte, dachten sich Klaus und Peter im Jahre 2002, wäre es besonders schön, einen kurzen Wanderweg zu gestalten. Einen Verbindungsweg zwischen zwei Gemeinden über einen Bergrücken. Auf großartige Überlegungen folgten konkrete Pläne und Entwürfe. Gepaart mit Kreativität und Schwarzwälder Witz ergab das Ganze eine ganz besondere Mischung …

Mit Unterstützung des damaligen Bürgermeisters und noch heutigen Försters holte man sich sämtliche Genehmigungen ein, die es einzuholen gibt. Anträge, Papierkram und viele hochoffizielle Stempel, gefolgt vom beständigen Anklopfen an den wichtigen Türen. Endlich war es so weit, die Hemdsärmel konnten nach oben geschoben werden. Zunächst galt es, haufenweise Unterholz zu beseitigen, bevor man das eigentliche Wegle hinauf auf den Bergrücken schaffen und gestalten konnte. Reine Muskelkraft, viel Fleiß und ab und an ein Bier halfen den zwei Tapferen. Steinblöcke wurden verschoben, Steinstufen angelegt, und in vielen ungezählten ehrenamtlichen Stunden wurde das Unmögliche möglich gemacht.

Ganz oben auf dem Spitz erwartet den Besucher ein richtig großer Stein, so groß, dass man eine Bank auf ihm verschraubt hat. Ein atemberaubendes Panorama mit Fernblick über mehrere Bergrücken und hinab in einige Täler. Ein Platz, dem Himmel so nah. Gerade am Abend zum Sonnenuntergang ein ganz besonderes Fleckchen Erde. Nun brauchte das Kind einen Namen. Nichts Langweiliges oder Alltägliches wie Panoramaweg, davon gibt es unzählige. Von Natur aus sehr humorvoll, wünschten sich die beiden Erschaffer etwas Lustiges. Und da geschah es, nachts im Bett: Klaus hatte einen grandiosen Einfall! Die Kombination beider Nachnamen ergab das kleine Wörtchen Ar-sch... Und da man vom Arschweg le zum Höhepunkt des Bergrückens mit spektakulärem Ausblick gelangt, war der Name dann schnell gefunden: Vom Arschwegle zum Höhepunkt.

Ganz selten echauffiert sich ein Wanderer über den Witz. Das ist die Ausnahme. Denn was bleibt, sind das Engagement, der Fleiß, die Kreativität und der Witz zweier Menschen, die den Schwarzwald bereichern. Von zweien, die mit vielen Stunden des Einsatzes Fernblickgenießern eine Freude schenken.

Dank, Quellen und Bildnachweis

Danke: Alois Krafczyk, Anja Faißt, Charly Ebel, Edgar Baur, Eugen Dieterle, Hans-Gottfried Haas, Hansy Vogt, Dr. Johannes Graf, Prof. Dr. Manfred Rösch, Melanie Reinert, Oskar Saier, Reinhard End, Rita Vitt, Sabrina Reimann, Willy Schoch, Dr. Ulrich Höppner, Wolfgang Obreiter, Dr. Wolfgang Schlund

. . . .

Quellen:

Badischer Weinbauverband e. V.
www.badischer-
weinbauverband.de

Deutsche Gesellschaft für Müh-
lenkunde und Mühlenerhal-
tung Landesverband Baden-
Württemberg e. V.
www.dgmbw.de

Deutsches Uhrenmuseum:
»Kuckucksuhr, mon amour« –
Faszination Kuckucksuhr.
wbg Theiss 2013.

Foitzig, Susanne; Fritsche, Olaf:
Weltmacht auf sechs Beinen.
Das verborgene Leben der
Ameisen. Rowohlt 2019.

Hansjakob, Heinrich: Waldleute.
Verlag Stadt Haslach
im Kinzigtal 1984

Jaun, Andreas; Joss, Sabine:
Im Wald. Natur erleben –
beobachten – verstehen.
Haupt 2011.

Kehle, Matthias: Das gibt es nur
im Schwarzwald. Silberburg-
Verlag 2016.

Lehmann, Astrid: Wildpflanzen-
küche aus dem Schwarzwald.
Silberburg-Verlag 2019.

Mangold, Gudrun: Im Schwarzwald. Silberburg-Verlag 2007.

NABU Baden-Württemberg
www.baden-wuerttemberg.
nabu.de

Nationalpark Schwarzwald
www.nationalpark-
schwarzwald.de

Naturkundemuseum Leipzig:
Pilze und das Wood Wide Web.
Handout Juni 2020.

Schwarzwald-Tourismus GmbH
www.schwarzwald-
tourismus.info

Verband badischer Obst-
und Kleinbrenner e. V.
www.kleinbrenner-baden.de

Bildnachweis:

S. 57: Schauinslandbahn

S. 58/59: Sauschwänzlebahn

S. 69: Nationalpark Schwarzwald

S. 71: Alternativer Wolf- und
Bärenpark

S. 89: Tourist Information
Haslach

S. 92: Mönchhof-Sägemühle

S. 113: Gengenbach Kultur
und Tourismus GmbH;
Foto: H. Grimmig

S. 118: Dold 1. Weltgrößte
Kuckucksuhr

S. 139, 140: Hansy Vogt

Alle anderen:
Astrid Lehmann